L'ÉTERNITÉ EN ACCÉLÉRÉ

Catherine Mavrikakis

L'ÉTERNITÉ EN ACCÉLÉRÉ

e-carnet

K

HÉLIOTROPE

Héliotrope
4067, boulevard Saint-Laurent
Atelier 400
Montréal (Québec)
H2W 1Y7
www.editionsheliotrope.com

Maquette de couverture et photographie : Antoine Fortin
Maquette intérieure et mise en page : Yolande Martel

*Catalogage avant publication de Bibliothèque et Archives nationales
du Québec et Bibliothèque et Archives Canada*

Mavrikakis, Catherine

    L'éternité en accéléré

    (Série K)

    ISBN 978-2-923511-22-1

1. Mavrikakis, Catherine – Blogues. I. Titre.

PS8576.A857E83 2010   C848'.607   C2010-941781-X
PS9576.A857E83 2010

Dépôt légal : 3ᵉ trimestre 2010
Bibliothèque et Archives nationales du Québec
© Héliotrope, 2010

Les Éditions Héliotrope remercient de leur soutien financier le Conseil des
Arts du Canada et la Société de développement des entreprises culturelles
du Québec (SODEC).
Les Éditions Héliotrope bénéficient du Programme de crédit d'impôt pour
l'édition de livres du gouvernement du Québec, géré par la SODEC.

IMPRIMÉ AU CANADA EN AOÛT 2010

À M. H. W.

Notes du sous-sol

Comme beaucoup de gens nés dans les années soixante, j'ai passé ma jeunesse dans le sous-sol d'une maison de banlieue. Petite, c'est là que j'allais me réfugier parmi les pots de peinture à moitié vides, les flacons de Varsol, les pinceaux aux poils rares, collés les uns aux autres et que l'on conservait pour plus tard, les vêtements à donner ou à vendre lors d'une vente de garage de l'église que fréquente ma tante. Je passais des heures lovée dans les guenilles et les grandes toiles maculées de taches, minutieusement pliées et empilées, sans trop bouger pour ne pas faire tomber les raquettes de tennis et les battes de baseball que nous rangions là, sans conviction, et à cause desquelles nous nous faisions de toute façon engueuler par ma tante. Le *basement* était mon lieu préféré, mon havre de paix. La chienne, qui n'avait pas le droit de mettre la patte sur la moquette verte en nylon qui régnait en haut dans la maison, pouvait venir en bas avec moi, parce que là, elle ne salissait rien et je me plaisais à la faire entrer par la fenêtre étroite qui donnait sur le jardin où était sa cage. Ce berger allemand sautait gracieusement sur le plancher de béton et venait rapidement me lécher le visage. Dans le sous-sol, je m'asseyais parfois sur un grand canapé à fleurs jaune et brun, usé jusqu'à la corde, qui avait appartenu à de nombreuses familles. Ma tante l'avait obtenu pour trois fois rien à une quelconque vente de charité et l'avait lavé pendant des heures à grands coups de brosse écumant le Bissell. La machine à laver faisait un bruit régulier apaisant et, dans la pénombre bienfaisante, je me roulais de bonheur avec ma chienne pendant des heures sur le sofa avachi. Là, enfant, je pouvais sans raison pleurer tout mon soûl ou encore lire un livre en m'arrachant les yeux, jusqu'à ce que mon frère vienne me déloger pour me forcer à jouer avec lui à la cachette ou à un autre jeu stupide.

Il y avait dans le sous-sol une odeur terrible de moisi, que les divers produits Glade pour «assainir» l'air ne parvenaient à couvrir. La maison de tôle avait été posée sur la terre en 1960, on lui avait creusé un sous-sol à la va-vite, mais on n'avait pas pris soin d'isoler convenablement le *basement* de la terre qui le contenait. Là, tout puait le remugle et les murs étaient recouverts de plaques de pourriture dont le chauffage violent de l'hiver n'arrivait pas à nous débarrasser. Les toiles aux couleurs criardes que mon oncle peignait afin de se rappeler son pays natal ne séchaient jamais en bas, là où elles étaient exposées. Elles restaient, tout comme le chien, interdites de séjour à l'étage supérieur, l'étage «royal». De grosses croûtes de couleurs demeuraient humides pendant des années. Je me plaisais à les arracher voluptueusement et à les manger, malgré les cris de ma tante, jusqu'à ce que mon oncle les expose un jour d'été au soleil et parvienne ainsi à les sécher. Le *basement* était insalubre, certes, mais petite, je m'y plaisais. C'était une caverne d'Ali Baba où l'on mettait tout ce dont on ne savait pas trop quoi faire ; c'était un lieu de transit entre le dehors et le dedans, le monde des poubelles en devenir ; c'était mon espace à moi qui rêvais de partir loin, et même dans le camion des éboueurs.

À l'adolescence, je perdis mon goût pour le sous-sol. Il devint un lieu de plaisirs qui me furent, malgré tout, vite fort indifférents. De l'église, nous avions hérité de grandes tables de jeux qui recouvraient toute la surface bétonnée et qui faisaient l'envie du voisinage, mais ma tante étant dans la ville la personne la plus proche du curé, c'est pour elle que le *padre* gardait toujours les bonnes affaires. Là, dans le *basement*, je fis mon premier *pyjamas party*. Nous avions disposé des sacs de couchage sur le béton froid. Nous avions passé la nuit à bavarder entre copines et à nous mettre du vernis à ongles, en riant et en repoussant mon frère qui venait nous emmerder. Là, ou encore dans le *basement* semblable des maisons de Veronica, de Linda ou de Pamela Lane, nous fumions en cachette tout ce que nous pouvions acheter dans notre bled, après avoir pendant des années sniffé de la colle. Là, nous jouions à la bouteille, nous *neckions*, nous faisions l'apprentissage d'une hétérosexualité ennuyeuse, juste avant de la pratiquer de façon plus convaincante dans les voitures, au milieu d'un champ loin de la ville ou dans un ciné-parc où nous risquions moins, malgré tout, d'être surpris par nos parents. Le *basement* fut le lieu où notre vie adulte commença. Nous croyions qu'il était l'endroit de nos vies illicites et de notre folle jeunesse, ce n'était qu'une salle de classe déguisée où nous apprenions à devenir des gens normaux. Le moisi était notre seul maître.

Bien sûr, le *basement* reste un endroit de perdition, de folie où tout peut arriver. C'est là qu'on rêve de séquestrer ou de tuer quelqu'un, c'est là que l'on a peur de voir surgir avec une hache, un sosie de Jack Nicholson sorti tout droit du film *The Shining*. C'est là qu'on imagine qu'un échappé de prison ou qu'un *serial killer* se terre depuis des semaines, sans faire de bruit. Et il m'a toujours été impossible de descendre les marches branlantes de l'escalier de bois qui menait au sous-sol sans avoir pendant une ou deux secondes le cœur qui battait la chamade et l'oreille tendue. Le *basement* fait peur, c'est sûr, et je viens de voir sur Internet que sort sur nos écrans un film terrifiant inspiré de la vie de Gertrude Baniszewski.

Cette mère de famille ordinaire a, en 1969, emprisonné une jeune fille dont elle avait la charge dans le sous-sol de sa maison de l'Indiana et l'a torturée des mois avant de la tuer. Le film a pour titre *The Basement*, tout simplement. J'aurais pu donner ce titre à mon livre *Le ciel de Bay City*, mais il y a en moi quelque chose qui aspire à la hauteur, au ciel, à l'air pur. Néanmoins, ce film, il me faudra aller le voir. Cette histoire, je la connais, mais les *basements* du Michigan, de l'Indiana ou du Québec n'auront jamais fini de m'horrifier.

On nous avait promis la lune

Aux gens de ma génération, aux enfants nés au début des années soixante, on avait promis la lune... L'année de ma naissance en 1961, John F. Kennedy lance le programme Apollo qui doit envoyer des humains sur la Lune et annonce que l'Homme (c'est comme cela que l'on parlait dans ma jeunesse...) posera le pied sur le sol lunaire avant la fin de la décennie. Malgré sa mort survenue en 1963, Kennedy réussit à tenir sa promesse le 20 juillet 1969. Cette journée-là, j'avais huit ans et comme c'était l'été, j'étais devant le téléviseur de mes parents.

Toute petite, je vibrais aux aventures de Laïka, la chienne cosmonaute. À bord d'un engin spatial, *Spoutnik 2*, le 3 novembre 1957, Laïka fut le premier être vivant à être envoyé en orbite. Sept heures après le lancement du spoutnik, elle mourut de stress et de la surchauffe de sa cabine. Mais cela n'empêcha pas les Russes et les Américains de comprendre bien vite que le ciel était désormais un autre espace pour mener partout la guerre froide.

Laïka, la bâtarde, errait dans les rues de Moscou. Le personnel soviétique lui donna, en la recueillant, de nombreux noms affectueux, mais c'est celui de Laïka qui la

rendit célèbre. La chienne subit un entraînement rigoureux et surtout maints sévices et tortures. Elle dormait
dans une cage minuscule, mangeait de la nourriture en
gel. On tentait de lui supprimer l'envie de faire ses
besoins. Mais ce n'est pas cette barbarie que l'on me
racontait dans les livres. Je voyais Laïka en habit de cosmonaute courir, sauter, accomplir de grands exploits pour
permettre à l'humanité d'aller conquérir le ciel. Et pendant
des années, j'ai cru que la petite chienne de mon enfance
était une héroïne sacrifiée pour notre avenir. Je ne savais
pas encore la cruauté de ce monde. Mais je la pressentais.
Je voulais aller vivre ailleurs. Quitter le royaume de la
Terre où il me semblait qu'il régnait quelque chose de
radicalement pourri, sans que je sache quoi.

Petite, je regardais le ciel et la lune, et je n'y voyais pas
un univers lointain, mystérieux, romantique. J'y lisais
mon avenir, la possibilité de m'enfuir un jour, de mettre
entre moi et mes parents encore plus de milles qu'eux
n'en avaient mis entre eux et l'Europe. Ce n'est qu'à l'adolescence, en 1975, quand on en eut fini avec le programme
Apollo, après plusieurs missions annulées, que je découvris enfin la Lune. La vraie. Celle qui est inatteignable,
celle qui représente l'impossible, celle que je ne pourrais
jamais toucher.

En 1970, le soir, je regardais l'astre blanc et j'y voyais
flotter, j'en étais sûre, le drapeau américain. On m'avait
promis que l'on me décrocherait la lune et j'y croyais. Je
m'étais fait acheter par ma mère un *jumpsuit* pour me
préparer à la combinaison spatiale qui me permettrait de

vivre là-bas. Même la mode se voyait lunaire. Nous avions l'hiver d'énormes bottes que le manufacturier appelait *space boots* et la couleur argent qui semblait être celle des engins spatiaux faisait fureur. Je mangeais beaucoup de nourriture en poudre que je délayais dans de l'eau pour mon « entraînement » et je ne ratais jamais une émission de *Lost in Space* où la famille Robinson se retrouvait à errer sur des planètes, après avoir quitté la Terre surpeuplée de 1997... Durant quatre saisons télévisuelles, de 1965 à 1968, les enfants de mon âge partagèrent les aventures de ceux qui avaient été contraints à quitter la Terre et le robot d'argent qui aidait la famille Robinson était devenu mon ours en peluche imaginaire. À cette époque, un nombre impressionnant d'émissions mettaient en scène l'espace et les autres planètes. Nous imaginions notre vie future ailleurs et la télévision nous préparait à cet avenir glorieux.

« *We choose to go to the Moon* », avait donc lancé Kennedy. Oui, nous avions choisi d'aller sur la Lune, de même qu'on choisit d'émigrer, d'acheter une nouvelle maison et de tout recommencer. Comme l'avait dit en posant le pied sur la Lune Alan Shepard, l'astronaute qui y avait joué au golf : « La route a été longue mais nous y sommes ! » La route ne serait pas simple, mais nous y parviendrions. Je le savais. À cette époque tout semblait une simple question de décision et les obstacles n'étaient que des épreuves à surmonter.

Depuis le 19 décembre 1972, les terriens n'ont pas remis les pieds sur la Lune. Les problèmes terrestres, les crises du pétrole, les guerres, la raison ont rendu ce rêve ridicule, désuet.

Je me demande souvent si la Lune n'a pas été qu'un simple songe, si « nous » sommes allés sur la Lune, si ce n'était pas simplement un conte de mon enfance, comme celui, à une autre époque, du Petit Chaperon rouge ou encore du Petit Poucet.

Je ne suis pas la seule à me poser la question. En 1978, j'ai alors dix-sept ans, sort un film qui me bouleverse, *Capricorn One*. À la dernière minute, on annule une mission spatiale, et l'on passe à la télévision nationale de fausses images d'une cabine vide. Les astronautes, qui ont participé contre leur gré à la supercherie et qu'on a envoyés faire des pitreries que l'on filme dans le désert pour satisfaire le peuple, comprennent vite qu'ils seront eux aussi éliminés. Des images de la cabine en feu passent sur les chaînes de télévision. On ne veut pas de témoins de l'échec américain. Les astronautes sont donc officiellement morts, on en fait des héros nationaux. Malgré la tentative de la NASA de l'assassiner dans le désert, le seul astronaute vivant, aidé par un journaliste qui a compris le complot, revient et apparaît à son propre enterrement pour dénoncer le gouvernement américain.

Ce film racontait ma vie. J'y ai retrouvé ma propre désillusion, ma déception profonde. Nous fûmes beaucoup à croire au canular de la Lune. Nous avons cru que notre vie serait là-bas, que notre vie serait autre. Depuis, je suis l'astronaute américain qui court pour arriver à son propre enterrement national et dénoncer publiquement sur toutes les télévisions sa propre mort. Il me semble que nous avons été bâillonnés, assassinés et que la seule solution est d'apparaître à notre propre inhumation pour dénoncer le rêve américain auquel nous ne pouvons malgré tout ne pas croire.

Je partirais encore sur la Lune, si on me le proposait.

Il n'y a pas de BlackBerry au paradis

Lorsque j'ai appris la mort de Matthew la semaine dernière, mon premier réflexe, après la stupéfaction, la colère et les pleurs, a été de vérifier sur Internet si cette histoire douloureuse et rocambolesque que sa femme venait de m'écrire rapidement par courriel était vraie. Il y avait dans la mort subite, tragique de cet ami, jeune homme de quarante ans, quelque chose d'invraisemblable que mon esprit et même ma peine n'arrivaient pas à assimiler. Comme je préférais attendre pour parler à Sarah, l'épouse de Matt, afin de ne pas ajouter aux tâches qui incombent à celles et ceux qui sont dans le deuil et qui doivent pourtant œuvrer avec la vie et ses lourds devoirs, c'est étrangement sur Internet que j'ai pensé trouver un peu de réalité à cet événement impossible.

Un jour, il y a déjà longtemps, j'avais eu un premier courriel de Matthew que je ne connaissais pas, mais qui tenait à me raconter une autre histoire folle dans laquelle j'avais joué un rôle sans le savoir. À ce premier message, je répondis immédiatement. Tout de suite, nous étions devenus, sans comprendre ni pourquoi ni comment, amis et depuis nous n'arrêtions pas de nous envoyer des messages, de maintenir le contact en rigolant de tout : « Tu es là ?» «Oui, je suis là et toi ?» Nous étions des enfants jouant à être des grands. Nous faisions les personnages importants. Lui, avec son BlackBerry et moi, plus modestement, avec mon ordinateur. Mais tout en nous trouvant fort ridicules, nous arrivions à rire souvent comme des petits fous, par courriel.

Longtemps, j'ai su énormément de choses sur la vie de Matthew parce que j'ai partagé ses réflexions journalières grâce aux messages qu'il m'envoyait et qui étaient pourtant souvent bien courts. Mes journées étaient ponctuées par les mots de Matt et lorsque nous nous rencontrâmes pour la première fois, nous ne fûmes étonnés de rien, puisque nous étions, il nous semblait, depuis toujours, des compagnons sur le chemin plutôt cahotant, mais amusant de la vie. Matt et moi, nous n'aurions pu être proches sans le BlackBerry ou l'ordinateur, véritables prothèses corporelles. Notre amitié s'était nourrie de l'écran. Ce qui ne nous empêcha pas d'être ravis de nous voir en chair et en os.

Matt avait le génie du quotidien: il savait vivre le présent en lui donnant une ampleur et un écho que sa narration rapide, concise des petits faits et gestes exacerbait. Sur son BlackBerry, Matt égrenait pour les autres les «détails» dans lesquels gît le divin, souvent taquin, du moment. La vie s'implantait ainsi en nous. Et Matt me faisait sortir de mes banales déprimes. Le jour des élections du président américain, j'ai reçu de Matt, dès sept heures du matin, une quantité impressionnante de courriels. Matt savait que l'élection d'Obama me tenait presque autant à cœur qu'à lui et il me permettait ainsi d'être dans les bureaux de scrutin avec lui et de passer une journée à Flint, Michigan, le jour J. J'ai su que le fils de Matt avait fini par s'endormir avant l'annonce des résultats, mais que sa fille âgée de quatre ans avait pu entendre le discours du nouveau président. Matthew et moi n'avons jamais discuté de grands sujets et pas même de littérature, même si nous étions tous les deux des littéraires, nous partagions cependant, je crois, quelque chose comme la vie de tous les jours. Ce n'est pas rien.

Matt était un être à l'énergie enthousiaste, débordante, contagieuse. Il était difficile de suivre le rythme d'une amitié aussi effrénée, mais Matthew nous forçait à être aussi généreux que lui, à entrer dans la dépense incandescente de soi.

À l'annonce de sa mort, après quelques heures d'hébétement, j'ai tapé le nom de mon ami sur Google. Les pages Web des journaux locaux parlaient de cette mort surprenante, en plein milieu d'une phrase, dans un cours sur Zola, de la tentative de réanimation, de l'ambulance et de l'extraordinaire personne que Matt était. Pourtant, mon esprit n'a pas été convaincu par toutes ces preuves. Au contraire... Matt était là. Il apparaissait sous mes yeux. Des photos de lui, des moments de sa vie s'inscrivaient sur le Net. Une vidéo le montrait bien vivant, rigolant. Et puis voir le nom de Matt se multiplier sur le Web, prendre des proportions énormes m'autorisa à penser que mon ami était vivant quelque part, caché dans un site auquel Google me donnait accès. Constater que le nom de Matt proliférait ainsi sur les pages de mon écran était sans aucun doute le signe d'une vitalité, d'un espoir.

Ce n'est que depuis quelques jours, parce que je ne reçois plus de Matt les courriels qui me rendaient hilare, que je comprends que Matt n'est plus. L'inconscient est monstrueusement égoïste. Et même si la conscience, plus altruiste, sait clairement que la mort existe, il faut que celle-ci soit autre chose qu'une simple opération de l'esprit pour qu'elle puisse marquer réellement. La mort doit nous atteindre dans notre chair, dans nos habitudes, au cœur du quotidien pour que nous ayons le courage de la ressentir. Depuis quelques jours, je comprends mieux que Matt ne m'écrira plus. Son nom n'apparaît plus en rouge dans ma boîte de réception... Et même s'il m'est impossible d'imaginer Matt sans son BlackBerry, je dois me faire à l'évidence, comme beaucoup de ses amis, de ses étudiants, qu'il n'y a pas d'Internet au paradis. « Qu'est-ce qu'on fait alors de nos journées là-bas ? » m'aurait écrit Matt dans un courriel. « Je ne sais pas. Pas grand-chose... tu imagines », lui aurais-je répondu, en riant.

Sur une page Facebook, dans l'au-delà cybernétique, on peut voir le dernier message de Matt à tous ses amis et puis aussi des photos. On peut entendre les chansons que Matt aimait, voir les êtres qu'il chérissait. Depuis sa mort, ses amis lui écrivent pour lui rendre hommage ou pour lui faire un ultime et dérisoire signe. Sur Facebook encore, un groupe consacré à la mémoire de Matt a été spontanément créé pour entretenir le souvenir de celui que tous aimaient. Le mur de Facebook s'est transformé en une espèce de mur des lamentations, en un parapet de plaintes de la communauté désormais des «sans-Matt». Certains membres du groupe des endeuillés de Matt sont devenus amis, sans pourtant se connaître. Nous partagions Matt. Nous avions, sans le savoir, un être en commun. C'est plus que l'amour pour un disque ou un livre qui pourtant permet de regrouper arbitrairement des êtres autour d'un objet de culte. Notre peine est devenue collective sans que nous sachions si cela nous console ou non. La famille de Matthew a laissé sur legacy.com un «livre» d'or où chacun pourra pendant un an témoigner non seulement de la vie de Matthew, mais aussi de son absence. Oui, Matt continue à être sur nos écrans, à hanter nos imaginaires, notre présent, notre passé et parfois, comme à tous et chacun, l'idée me vient d'imaginer que Matt va m'écrire encore, au moins un dernier message, pour me dire si tout va bien là-bas.

La mort est bien réelle. Je le sais. En elle, il n'y a rien de virtuel. Oui, bien sûr. Aurions-nous tendance à l'oublier parfois que notre peine, bien tangible, nous rappellerait à l'ordre totalitaire de la perte. Pourtant, je n'ai pas envie en ce moment de penser qu'Internet nous donne la sensation d'une présence fausse. Je n'ai pas envie de me dire que le deuil n'est plus possible de nos jours, à cause de la surprésence de nos identités et de nos apparitions artificielles, incontrôlées sur le Web. L'écran est hanté, certes, par les vivants et les morts, mais je ne crois pas qu'il nous empêche de faire un vrai travail de deuil. Au contraire... il permet de sculpter la matière même de notre douleur, de la modeler selon nos besoins, de lui donner une forme, une communauté. Que Facebook soit devenu un «lieu» de sépulture sur lequel nous pouvons nous recueillir ne me choque pas. Les cimetières ne sont peut-être plus appropriés de nos jours. L'incinération, la disparition de la matière dans la crémation ou le virtuel de l'écran nous demande d'inventer des nouveaux rituels d'amitié et de deuil... Facebook, les sites Internet créent cela, tout comme ils créent aussi quelque chose de vivant... J'ai pu, grâce à cet univers que l'on dit si artificiel, développer une authentique et réelle relation avec Matt. Ce Montréal que Matt aimait tant et que j'avais fini par exécrer avec les années, je l'ai redécouvert à travers les courriels enflammés de mon ami si nostalgique du Québec, à travers la page Facebook de Matt dédiée à ce monde francophone pour lequel il a tant œuvré dans l'espace social, réel et virtuel.

Il est dans l'ordre des choses, dans l'ordre de la mort, si peu vraisemblable malgré tout, que ce soit sur Internet que je rende hommage à un ami que je ne pourrai pas m'empêcher, pour un temps encore très long j'espère, d'imaginer croiser quelque part dans le cyberespace ou dans une rue de Montréal. Je veux croire que, même sans BlackBerry, Matt a trouvé quelque chose comme un morceau de paradis, fût-il aussi artificiel que le sont nos vies...

Back-slide with Michael

Aujourd'hui, je ne voulais pas les quitter. Oui, aujourd'hui, je serais restée encore un peu dans la salle de classe à regarder avec eux ce film d'Hervé Guibert, *La pudeur ou l'impudeur,* et j'aurais dépassé l'heure qui marque la fin de mon cours afin de visionner jusqu'au bout cette mort que Guibert a filmée en espérant nous inoculer un peu de son sida, comme on donne un vaccin aux générations futures. Je ne sais d'où me venait cette envie joyeuse et pourtant désespérée de demeurer avec les étudiants qui se moquent peut-être, mais aussi peut-être pas, de ces années quatre-vingt, quatre-vingt-dix, de ces années sida qui me collent à la peau, qui font corps toujours avec moi, depuis plus de vingt ans. Il me semble que je prends de moins en moins de plaisir à enseigner, comme si ce qui me semblait si évident, si important à transmettre il y a quelque temps encore, m'apparaît avec l'âge désuet, déri-soire et surtout indicible. Est-ce que ces âmes de vingt ans sont appelées par ce qui pour moi est absolument au cœur du littéraire, c'est-à-dire les formes poétiques que peut prendre la douleur de vivre? Je ne peux répondre à cette question. Elle reste ouverte et j'espère être surprise agréablement par les réponses que seul le temps pourra m'offrir. La certitude que j'avais alors que j'étais jeune professeure de partager quelque chose avec les êtres devant moi reposait sur une communauté totalement imaginaire, qui me permettait de croire à un esprit collectif, générationnel. Cette croyance qui soutenait ma parole s'est estompée. Je ne sais plus d'où parler et surtout à qui je m'adresse. Ou pour le dire avec plus de justesse, je ne fonde plus mes propos sur le mensonge d'une communauté qui a une même époque à consommer. Il me faut tout réapprendre. Et c'est bien difficile, je dois l'avouer.

Il y a quelque chose d'épuisant et surtout de terrorisant à ne pas pouvoir, à bientôt cinquante ans, m'appuyer sur l'expérience que j'ai arrachée au temps. Je me retrouve instable, déséquilibrée dans les mots, dans les récits qui me semblent venir d'une époque surannée, spectrale et peut-être totalement inintéressante pour ceux et celles qui ne l'ont pas vécue. Si mes cours portaient sur le Moyen Âge ou encore le XIXe siècle, je pourrais peut-être me raccrocher à l'idée d'un passé archaïque devenu savoir historique. L'histoire n'a-t-elle pas jugé que ces ruines du passé sont admirables et dignes d'être transmises? Je pourrais parler, engoncée dans mes propos, au nom d'un temps qui dépasse le temps. Mais alors que je m'attache à travailler sur ce que certains appellent non sans mépris et bêtise «l'extrême contemporain», je m'aperçois que ce qui m'excite encore dans ce que j'enseigne, c'est de montrer à des étudiants des textes qui, en quelque sorte, n'appartiennent pas encore tout à fait à l'Histoire, mais qui font plutôt écho à ma petite histoire, à ma «vie minuscule» qui reste la seule chose que je peux léguer ou encore donner à entendre. Même dans la honte et surtout la pudeur devant mon passé. Je trouve, et c'est ce dont je prends de plus en plus conscience, un plaisir immense, indécent à faire lire à « mes » étudiants des textes littéraires, critiques, théoriques que j'ai eu la chance ou la malchance de lire à l'époque de leur publication, et je me demande tout à fait sérieusement si le seul intérêt de mon enseignement ne réside pas dans ce désir obstiné, maladroit de parler d'époques qui furent malgré tout miennes ou encore de réfléchir sur le présent à partir de ma formation qui date en grande partie des années 1980 et qui, bien qu'elle tente de se renouveler sans cesse par mes lectures, reste sous l'emprise d'un temps bien déterminé, caduc.

Voilà que depuis le mois de juin, je me surprends à écouter et fredonner des chansons de Michael Jackson que je savais si bien éviter en 1982 à l'époque de « Billie Jean ». Si au début des années quatre-vingt, j'affichais un dégoût profond pour l'album « Thriller » et que je prenais un air snob, entendu, pour parler des Rita Mitsouko ou encore de Sid Vicious, en 2010, je pleure avec la même douleur la mort de Fred Chichin des Rita Mitsouko et celle de Michael Jackson. Mes goûts n'ont pas changé, et en moi, une gamine irrévérencieuse qui se croit plus futée que les autres continue à cracher sur « Beat It », mais la dame que je suis devenue n'a pu s'empêcher l'été dernier de *back-slider*, de *moonwalker* piteusement, de télécharger sur son iPod « The Best of Michael Jackson » et de me mettre à chanter à tue-tête « The Girl is Mine », chanson dont j'aurais tué avec joie les admirateurs en 1983, après les avoir torturés longtemps. Comme je détestais Paul McCartney à l'époque et comme je le déteste encore ! Et pourtant... Je comprends que les années quatre-vingt sont faites tout autant des vestes kitsch à passementerie or de Michael, des coupes de cheveux mièvres de l'ex-Beatles hébété, que des vêtements à carreaux, très bariolés de Catherine Ringer. Je ne me suis pas adoucie. Je ne suis pas devenue tout à fait gâteuse ou encore nostalgique. Mais je comprends, dans l'horreur, que ma contemporanéité est aussi celle de Michael Jackson, que je ne peux échapper à cette époque dont j'ai détesté certains représentants parce que justement ils m'étaient si proches.

J'ai haï Michael Jackson comme on peut abhorrer un grand frère. Et malgré mes efforts soutenus, je n'arrive pas à détester Justin Timberlake avec autant de force que celle que je déployais dans les années quatre-vingt pour vomir sur Lionel Ritchie. Timberlake m'ennuie, me dérange, mais franchement, je me sens tellement éloignée par le temps de ce garçon que je ne parviens pas à perdre une minute ou une journée à ne pas l'aimer. « Tu es une fille des années quatre-vingt », me dit mon coiffeur Samuel qui a, à peu de chose près, le même âge que moi et que je côtoyais dans les couloirs de ma jeunesse. Oui, je suis une fille des années quatre-vingt, par mes goûts et mes amours, mais je suis surtout une intellectuelle de cette époque lointaine, une intellectuelle qui ne saura pas comprendre le présent quel qu'il soit autrement que par ses lectures d'un autre temps qui constituent une vision du monde de laquelle elle ne peut se départir.

Je me suis même retrouvée à défendre Michael Jackson lors d'un repas où j'avais eu l'imprudence d'aller. Tous les gens de mon âge attablés autour d'un couscous affichaient la même hargne envers celui qui était mort quelques jours auparavant et continuaient à critiquer, comme ils l'avaient fait depuis plus de vingt ans, le visage recomposé et la peau décolorée de celui qui « devait tant se détester, pour en arriver là »... Je ne sais pourquoi mais je fus soudain violente dans mes propos. Il y avait en moi le désir de défendre un original, un Nosferatu qui se promenait avec un parasol et des gants blancs dans la haine de la lumière qui est toujours si agressante pour les esprits torturés et les peaux chimiquement traitées. Je suis la sœur de Michael Jackson, la sœur de Cindy Lauper autant que je suis la sœur de tous ceux que j'ai aimés et que je voulais si subversifs... Je n'ai pu choisir ma famille pas plus que je n'ai décidé de l'époque dans laquelle je suis née et durant laquelle j'ai eu vingt ans, pendant quelques années... J'ai quitté les miens, j'ai renié mon clan et j'ai pu fuir ce qui m'a horripilée ou tant fait souffrir, mais est arrivé un temps de ma vie où il m'est devenu évident que je ne suis pas beaucoup plus que l'époque qui m'a formée. Je vois combien je suis réduite au moment où j'ai pensé que tout était possible, même la haine éternelle contre ce qui me semblait si quétaine, si digne de mépris. Et je dois me demander avec une grande humilité si je ne suis pas devenue au fil des ans davantage la contemporaine de Michael Jackson, le fou qui ne supportait pas d'exister et qui se bourrait de médicaments, plutôt que l'âme sœur de Fred Chichin qui avait fini par se rallier à Sarkozy. Le temps est immensément cruel pour ceux et celles qui survivent à leur jeunesse. C'est tout ce qu'il est possible d'affirmer avec conviction et foi. Et la cruauté des années réside dans ma propre humiliation, dans la ressemblance que je me découvre aujourd'hui avec Michael Jackson.

Or, c'est précisément d'humiliation qu'il est question dans l'enseignement de ce qui constitue le contemporain, ou le pas très ancien. Comme professeure, j'expose non pas le «canon», ce que le temps croit illusoirement avoir domestiqué et rangé une fois pour toutes, mais bien plutôt le précaire, l'effaçable, le démodable. C'est-à-dire que malgré ma volonté de rendre compte le plus objectivement d'une époque, établir une anthologie du présent ou du passé immédiat relève irrémédiablement du goût, du choix intime, de l'exhibition de soi et de son temps comme mortel.

Il y avait dans mon cours sur Hervé Guibert un vrai appel à l'amour, une vraie demande d'accueillir une œuvre magnifique, grandiose qui peut encore disparaître, avalée par une histoire insipide. Il y avait trop dans cette demande faite à «mes» étudiants d'aimer les mots de Guibert et d'éventuellement les transmettre quand moi et ma génération nous nous serons enfin tues. Voilà pourquoi je l'avoue, je n'arrivais pas à vouloir quitter la salle de classe lors de la projection du film *La pudeur et l'impudeur*, ce vendredi matin du mois de février 2010. J'avais bien sûr peur du ridicule et pourtant à ce ridicule, tragique, de mon époque, je voulais être fidèle. Dans une fragilité extrême. Le ridicule peut parfois tuer. Je le sais... Cela, Michael Jackson me l'a appris. Et de cela, comme de tant d'autres choses, je le remercie...

Comme deux gouttes d'eau

Dans les toilettes pour femmes d'un collège secondaire où j'assistais, il y a quelques jours, à un spectacle de flamenco, j'entendis une jeune fille dire à celle que j'imaginai sa meilleure amie : « 'stie, que je ressemble à ma mère quand je m'coiffe de même ! » Ce cri du cœur en disait long sur le lien de cette adolescente à sa mère, ou en tout cas sur ce qu'elle souhaitait que sa meilleure amie voie de celui-ci.

Il y a qu'on le veuille ou non dans le désir exprimé de ne pas ressembler à quelqu'un la manifestation explicite d'une volonté de rupture. Assumer ou cultiver une ressemblance, c'est avant tout accepter d'avoir en soi un peu de l'autre, porter, embrasser quelque chose d'une altérité avec laquelle on souhaite avoir affaire. Si la haine individuelle ou collective se manifeste par une tentative d'expulser hors de soi ou de son territoire le corps de l'étranger, l'amour, lui, est toujours cannibale. Prendre quelque chose sur soi des attributs de l'aimé, avaler, dévorer des yeux (les métaphores ici ne sont jamais innocentes) celui ou celle qui est l'objet de la passion pour mieux se l'accaparer, faire de son propre corps le lieu d'une commémoration de l'être adoré, tels sont les buts inavoués de l'amoureux. Tel serait aussi le destin de la pulsion, qui a fondamentalement du mal avec la séparation.

Il arrive souvent à l'amie, l'amant ou l'amante, de porter un bijou ou un objet de l'être absent, afin d'abolir ainsi la distance ou la mort, de reproduire un geste ou une expression pour mieux montrer de façon consciente ou inconsciente que l'autre vit toujours (bien que celui-ci puisse être justement à côté de soi) à l'intérieur de soi ou encore à la surface des mots et de la peau. À la télévision, un fan de Michael Jackson qui pleurait son idole disparue racontait à combien de chirurgies il avait dû lui aussi se soumettre pour parvenir à prendre le visage pourtant peu personnel de Jackson. Celui-ci n'avouait-il pas que son amour pour Elizabeth Taylor lui donnait envie de lui ressembler (ce qui explique peut-être les multiples transformations de son visage si étrange) ? De l'amour à l'identification, il y a souvent un pas qu'il est bien difficile de ne pas franchir. Le corps entier de l'autre devient fétiche et objet de fantasme de possession, de conservation, au-delà de toute séparation.

Il m'est souvent arrivé, lorsque j'ai perdu des amis, de tenter de reprendre certains de leurs tics de langage ou de me rendre compte que je répétais quelques-uns de leurs mouvements. Matthew, que je connaissais pourtant peu, avait (je l'avais remarqué) une façon d'enlever ses lunettes afin de bien couvrir de ses yeux ses paumes, comme si quelque chose de désagréable lui venait à l'esprit et qu'il ne pouvait s'empêcher de le reconnaître. Son corps désirait toucher cette pensée avec ses doigts. Il y avait aussi en lui ce geste qui consistait à passer ses deux mains, grandes ouvertes, de chaque côté de ses tempes dans une volonté manifeste de se démêler les cheveux, ce qui avait pour effet de les ébouriffer totalement. Il m'arrive de faire «apparaître» Matthew en faisant comme lui. Lorsque je secoue ainsi ma tignasse, je pense qu'il n'est pas très loin. Je lui souris...

J'ai tenté, après le départ de Maria, de retrouver certaines des expressions langagières qu'elle avait et de me les répéter tout bas, cherchant désespérément son intonation, son débit, qui parfois se manifestent en moi, comme par magie, sans effort, dans des moments «épiphaniques» où l'espace, le temps et la mort sont presque abolis. Je me suis surprise récemment, alors que je m'ennuyais trop de cette amie, à imiter dans une conversation banale son accent russe, en mettant en quelque sorte dans ma bouche sa façon de dire les mots, de rouler les «r» et de faire pétiller le langage et la vie.

Cette tendance à prendre l'autre en soi, sur soi est peut-être davantage manifeste dans les liens de filiation où l'on peut parfois être fier (oui, cela arrive), sans frôler l'idolâtrie, d'avoir quelque chose de son père ou de sa mère, de se trouver un petit air de famille bien rassurant. Je suis assez étonnée que deux personnes d'un même couple (fussent-elles de sexe opposé) s'habillent de la même façon en faisant écho au corps aimé, comme si celui-ci devait s'inscrire à même la chair.

Je lisais dans un «journal féminin» (j'aime cette expression!) un psychologue déclarer avec inquiétude combien il était terrible de voir dans des publicités, des mères et des filles habillées de façon identique, dans une indifférenciation malsaine. On oublie vite (et la psychologie est la première à tout effacer de l'histoire puisqu'elle pathologise tout et particulièrement le présent) combien il fut un temps où la filiation, dans l'héritage symbolique qu'elle mettait en place, demandait aux enfants de ressembler à leurs parents et de marquer cet effet de descendance par des vêtements ou des objets à porter sur le corps. Si dans les familles, la ressemblance renvoie à un sentiment presque tribal et si, dans les groupes et sociétés scolaires ou sportifs, l'uniforme crée un sentiment d'appartenance à un organisme auquel le vêtement fait signe, dans le cas des amoureux, le même t-shirt ou la même casquette crée un lien d'écho, de reprise pour lequel aucune médiation de l'institution n'existe. Les corps ne deviennent alors plus qu'un en se doublant, se rappelant l'un à l'autre.

Dans les lettres à sa famille et ses amis qui viennent d'être publiées chez Minuit, Bernard-Marie Koltès, dramaturge français, mort en 1989 du sida alors qu'il était âgé de quarante et un ans à peine, exprime à plusieurs reprises son grand amour pour sa mère. Or, justement, cette passion filiale très émouvante se manifeste pour lui dans le désir conscient de reproduire avec d'autres certains gestes que sa mère avait avec lui, alors qu'il était enfant. Il s'agit pour Koltès d'imiter sa mère. En faisant avec les enfants qu'il côtoie comme moniteur dans un camp de vacances les mouvements que sa mère avait avec ses propres enfants, Koltès parvient à aimer les petits qui sont avec lui durant un été, mais aussi à vivre plus sereinement la séparation d'avec sa mère que lui impose son travail. En consolant le petit Gilles qui pleurait, Koltès est sous le choc d'une impression étrange, subtile et fugitive. Il écrit à sa mère : « je t'ai vue, je t'ai sentie pour ainsi dire... Peut-être sera-ce le seul instant de ma vie ou je t'aurai comprise. »

Bien sûr, on peut pathologiser l'interprétation de ce récit de Koltès en voyant en celui-ci une espèce de Norman Bates qui, dans le film *Psycho* d'Alfred Hitchcock, se déguise en sa mère morte et momifiée pour mieux s'empêcher d'exister, puisque Bates dans le rôle de sa mère tue tous ceux et surtout celles qui s'approchent de lui, dans la mise en scène d'un amour maternel dévorant. Tout grand amour a peut-être son revers, sa folie...

Dans le désir de ressemblance, de reprise par soi du corps aimé, il peut évidemment être question d'une fusion malsaine, d'une indifférenciation morbide. On peut bien sûr avancer que tout désir de ressemblance, de bouffer l'autre pour mieux le faire exister en soi est proche d'une pulsion agressive, dévoratrice qui n'a que peu en commun avec l'amour et l'affection. Hollywood et les journaux populaires nous préviennent contre ce désir cannibale en présentant dans des histoires d'horreur le rêve que certains fans ont de tuer leur idole, dont l'existence après tout rappelle que ces fans ne sont pas complètement celui ou celle qu'ils imitent. Mais il s'agit avant tout pour tout amoureux (dévoreur en puissance) d'un deuil (petit ou grand) impossible. Le corps dit alors à l'être aimé: «il n'est pas évident de me séparer de toi. Regarde, tu es encore là, sur moi, en moi...»

Dans une fête, un invité disait à une petite fille que je connais bien combien il trouvait qu'elle ressemblait à sa mère. En prenant les convives à témoin, il employa l'expression «comme deux gouttes d'eau» qu'il répéta plusieurs fois. Pendant quelques secondes, tout le monde fut gêné de cette phrase surprenante puisque tous les gens de l'assemblée savaient que l'enfant avait été adoptée il y avait à peine deux ans. Elle n'aurait «naturellement» rien de commun avec sa maman. Mais celle-ci, après un certain moment d'étonnement muet et avec une vive intelligence, remercia cet homme en lui disant simplement en souriant: «Oui, moi je trouve aussi. C'est de plus en plus évident pour moi.» Et tout le monde se mit à rire, heureux.

Ces deux gouttes d'eau là, tombées de deux nuages portés par des vents pourtant contraires, je les souhaite à nos vies souvent arides ou sèches. Deux gouttes d'eau qui permettent parfois au monde d'être vraiment fertile.

L'écrivaine, la Volkswagen et le phénix

Elfriede Jelinek, prix Nobel de Littérature de 2004, a dû être bien heureuse d'apprendre le 11 octobre 2008 que Jorge Haider, chef de l'extrême droite autrichienne, était mort dans un accident de voiture, alors qu'il roulait à 142 km/h sur une route qui interdisait de rouler à plus de 70 km/h. Haider s'était souvent attaqué à l'écrivaine et avait même fait une campagne électorale en s'en prenant à Jelinek et à quelques artistes et politiques. Sur les affiches du parti de Haider de l'époque, devenu depuis l'Alliance pour l'avenir de l'Autriche (BZÖ), on avait fait écrire ces phrases qui prouvent tout de même combien les Autrichiens connaissent le nom de quelques artistes (ce que d'autres peuples ne peuvent revendiquer, dirais-je avec dépit...) : « Aimez-vous Scholten, Jelinek, Häupl, Peymann, Pasterk... ou l'art et la culture ? » Haider en dénonçant ainsi un art amoral voulait décider de la culture et de la politique autrichiennes et redonner à celles-ci leur noblesse. Il rêvait vraisemblablement d'un art qui ressemblait à ses idéaux nationaux, d'un art grand, d'un art du beau, d'un art hellène, lui qui devait passer sa vie dans les salons de bronzage pour garder ce teint perpétuellement hâlé, si grec... Est-ce, poussé par cet amour du Beau, qu'il était un marathonien émérite et un skieur accompli, qu'il roulait en Volkswagen Phaeton V6 et que, comme le héros grec, fils du Soleil, à qui la voiture emprunte le nom, il mourut presque sur le coup, quand il perdit la maîtrise de son très puissant « attelage » ?

Haider, cet homme marié, père de deux grandes filles, qui aimait l'ordre et l'autorité, sortait, affirme-t-on, d'un bar gai, le jour de sa mort. Il allait, selon d'autres sources, à une fête pour le quatre-vingt-dixième anniversaire de sa vieille mère... Quoi qu'il en soit, Jorge Haider était ivre au volant de sa Phaeton, la limousine de Volkswagen, construite dans les meilleures usines allemandes dont Haider était si fier. Son taux d'alcoolémie ne l'a pas empêché d'avoir droit à des funérailles grandioses, retransmises en direct à la télévision autrichienne et auxquelles assistaient plus de vingt-cinq mille personnes, toutes en pleurs. L'hymne national et un requiem qui ont clos la cérémonie ont fait de Haider une vraie Princesse Diana à laquelle il ne manquerait qu'un Elton John pour la pleurer. En signe de deuil pour le grand homme, le match de la journée du championnat d'Autriche de football entre le club de Klagenfurt, Austria Carinthie, et le Rapid Vienne a été reporté. C'est dire l'importance que Haider avait dans son pays...

Oui, Jelinek a dû être contente de voir que Haider était mort. Je la vois sourire quand elle imagine l'Autriche en pleureuse. Je la sens esquisser un rire nerveux, quand elle constate que le pays souffre de la perte de celui qui s'ennuyait de la politique du IIIe Reich en matière d'emploi...

Elfriefe Jelinek n'a pu s'empêcher d'être contente en apprenant la mort du Chef, même si elle sait bien que Haider renaîtra, comme le phénix (qui hante lui aussi les mythes grecs), de ses cendres et des milliers de roses qui recouvraient son cercueil le jour de son enterrement; même si elle sait bien que sur les sites néo-nazis les troupes parlent de complot et d'assassinat par le Mossad. On va même jusqu'à écrire que Wikipédia avait changé son entrée sur Haider pour indiquer la date de sa mort avant même l'annonce du décès du chef du parti autrichien, accusant ainsi Wiki d'être proche du Mossad (vous me suivez?) et de savoir tout avant les médias...

Stefan Petzner, celui qui affirme être inconsolable de la mort de Haider, l'«homme de sa vie», est prêt à prendre les rênes du Parti. Lui aussi, tout comme Haider, son mentor, aimait la beauté grecque, comme le prouve hors de tout doute son ancien métier de journaliste spécialiste de la mode et des cosmétiques. Lui aussi est tout enclin à se faire Phaeton, si on lui en laisse la chance, si sa place de veuve éplorée aux côtés de la femme en deuil de Haider le lui permet et s'il ne devient pas trop gênant pour sa propre formation politique. On vient de le tasser un peu après ses révélations sur son «amitié extraordinaire» avec Haider, après ce *coming out* posthume des plus flamboyants. Mais Petzner a vingt-sept ans. Il a la vie devant lui s'il prend son temps, s'il ne roule pas trop vite sur l'autoroute de son succès et s'il ne se prend pas tout de suite pour le fils du Soleil.

De toute façon, des héritiers spirituels, Haider n'en manquera pas en Autriche et Jelinek sait qu'elle a encore de nombreuses batailles à livrer. Sur son site Internet, elfriedejelinek.com, l'écrivaine a écrit un texte sur la mort de Haider, sans jamais nommer le chef autrichien. Elle exhibe une photo du cercueil magnifiquement couvert de fleurs du leader d'extrême droite et spécule que c'est peut-être un échange de textos avec le disciple préféré de Haider qui aura provoqué la mort du Chef au volant de sa grosse Volkswagen. Haider est mort en roulant trop vite tout en répondant à celui avec qui il était « lié de façon si spéciale », selon les mots de Petzner. Haider se serait querellé violemment avec son « disciple préféré » la veille de sa mort. Il aurait noyé son chagrin et sa colère dans un bar gay et une bouteille de vodka, avant de prendre la route. C'est ce qu'un mythe autrichien rapporte...

Haider est mort. Mais ses disciples restent. Ils ont maintenant un père, un frère, un amant à honorer, une œuvre à continuer, une tombe à aller fleurir, un mort à pleurer, un assassinat à venger. Des DVD sur les grands moments de la vie de celui que Jelinek appelle ironiquement « le Sauveur » étaient en vente tout de suite après la mort du Chef et se vendaient comme des petits pains...

L'Autriche pleure, oui. Mais il n'y a pas de quoi pleurer... Haider est loin d'être mort.

Rêveries d'une promeneuse solitaire

J'aime regarder la télévision en zappant continuellement, en allant sans arrêt d'un poste à l'autre, et distraitement me laisser conduire par le hasard ou un désir peu vif. Il m'arrive rarement de suivre une émission ou un film du début à la fin. Mon esprit n'admet guère qu'on lui impose un temps qui n'est pas le sien. Peut-être suis-je trop habituée à lire, à me promener à mon rythme dans les mots des livres. Je vais encore au cinéma, malgré le suspense dans lequel on veut me faire vivre à l'aide d'une trame sonore infernale et des images qui sont censées m'en mettre plein la vue. Mais quand je ne supporte plus la tension nerveuse à laquelle m'assigne le Joker ou tout autre méchant et que je ne suis plus capable de me soumettre à l'attente interminable qui me dira si l'issue sera la vie ou la mort pour l'héroïne, je me lève brusquement et vais chercher du pop-corn dégoulinant de beurre ou encore je vais pisser longuement en prenant grand soin de me laver les mains tout en les savonnant langoureusement. Quand je reviens à ma place, après avoir dérangé toute ma rangée, les ennuis de Batman et la mort de Rachel me semblent bien peu importants si je les compare à ceux de l'univers qui continue d'exister ailleurs, hors de la salle de cinéma, et au prix exorbitant du maïs soufflé qui n'est pas moins cher même quand il est commandé en français.

Mes pensées ne peuvent souffrir une quelconque incarcération. Elles aiment vagabonder, passer du coq à l'âne, se perdre, revenir à leur point de départ, et l'emprise que veut exercer sur moi le divertissement qu'est un film destiné à me faire oublier le reste de la vie ne convient pas à mon dispositif psychologique et intellectuel. Heureusement que les cinémas permettent à mon corps de se déplacer et ainsi à mes idées d'aller prendre l'air. On comprendra alors ma haine du théâtre qui, encore de nos jours, demande dans la plupart de ses manifestations un silence respectueux, une adhérence des fesses au siège et une atmosphère pieuse qui ne me plaît pas. Pendant une représentation, j'ai toujours envie de chahuter, d'interrompre le cours des choses, d'applaudir ou de huer et surtout de quitter un peu la salle physiquement ou en esprit pour mieux digérer le spectacle en pensant à autre chose. C'est pourquoi, dans mes cours, j'ai des sentiments ambigus, qui vont du courroux à la bienveillance amusée, lorsque les étudiants se lèvent, sortent, arrivent en retard, partent plus tôt. Je ne me permettrais jamais de faire cela, parce que l'on m'a appris la politesse, mais je ne soupçonne pas ceux et celles qui ne tiennent pas en place ou qui regardent leurs courriels en faisant semblant de prendre des notes de ne pas m'écouter. Je préfère penser que, pour certains, la compréhension demande une « écoute flottante », une écoute qui n'est pas fidèle, qui se disperse pour mieux revenir à son objet toujours fuyant, impossible.

Bien sûr, je ne suis pas sans savoir qu'il y a des gens qui ne profitent pas de la distraction et qui sont simplement ailleurs, sans aucun désir de revenir à leurs moutons (les miens en l'occurrence), mais les mesures coercitives pour forcer l'attention ne me semblent pas meilleures que celles qui prévoient et tolèrent la fuite.

À cause de ma propre configuration psychique, j'ai confiance dans la distraction et l'absence pour assimiler ce qui doit l'être. L'esprit qui se promène, qui va batifoler, papillonner ailleurs ne cherche pas toujours simplement la fuite et la facilité. Il fait un travail important. C'est souvent dans l'association d'idées, dans l'oubli momentané d'une pensée, que la réflexion a lieu. Laver la vaisselle en voyant les pensées s'éparpiller pour sans cesse se reconcentrer sur une assiette ou un plat sale est un travail de l'esprit que je ne juge pas anodin. Le mouvement, même rapide, n'est pas aussi idiot que ce que l'on a tendance à croire et la concentration acharnée n'est pas la garantie de la force de l'intellect. Être présent à quelque chose demande peut-être une certaine absence ou en tout cas se distingue d'une opiniâtreté à être là.

Je suis, je l'ai souvent écrit ou dit, une enfant de la télévision. Ma mère me laissait regarder tout ce que je voulais, mais elle m'interdisait de tourner la roulette qui permettait alors de changer de poste, puisque je risquais de « bousiller » la télé. Il est vrai que je passais alors du 2, Radio-Canada, au 10, Télé-Métropole, avec le même enthousiasme que celui qu'avait mon frère pour précipiter ses voitures de course miniatures sur la piste jaune de lancement et je suis restée souvent avec la roulette cassée dans la main droite, ce qui m'a valu des réprimandes mémorables. La télécommande et le câble ont transformé ma vie. Ma mère a arrêté de m'engueuler le jour où je l'ai convaincue que changer de canal à toute allure n'endommageait plus son téléviseur.

À l'école, j'ai beaucoup souffert, comme tant d'autres, de devoir faire des dissertations en quatre heures sans pouvoir perdre de « précieuses » minutes ou sans prendre le temps de réfléchir en passant par la divagation, la rêvasserie. À l'université, j'ai découvert plus tard avec bonheur qu'un travail de huit à dix pages peut se faire en quelques jours, qu'un écrit peut se décanter, reposer comme un vin, qu'on peut l'oublier pour y revenir, lui être infidèle pour mieux le maîtriser. Je ne critique pas ceux qui font un travail en une nuit. Ils auront très souvent d'aussi bonnes notes que s'ils avaient réfléchi plus longtemps, mais je pense que la persévérance peut passer par l'oubli et devenir ainsi très profitable. « Un travail nous travaille » même dans l'absence, et je me répète souvent ce que l'on me disait quand j'étais enfant : « Apprends ce soir, dors dessus, le sommeil et la nuit travailleront pour toi. » C'est ce travail fécond du nocturne, de l'oubli qui me semble être occulté dans le discours que l'on tient sur le manque de concentration des jeunes que l'on veut guérir avec le Ritalin.

Ainsi j'aime beaucoup Internet dans lequel je me promène, me perds sans cesse en faisant autre chose. Je me compare souvent au flâneur urbain que Poe, Baudelaire et Benjamin décrivent. Mais le flâneur est devenu planétaire. Je suis là anonyme, et pourtant en lien avec la foule des autres utilisateurs du Web. Je me sens à la fois à la dérive et bien amarrée, ancrée dans une divagation que je contrôle, sans pourtant la maîtriser. Il y a dans cet état de semi-conscience active un vrai bonheur, celui de ne pas être totalement un sujet, de perdre son identité pour la retrouver. Les idées se chevauchent, les sites s'appellent et je passe de l'un à l'autre. J'arrive par mille détours là où je voulais arriver ou encore j'oublie l'objet de ma quête et découvre l'inattendu.

J'ai connu une expérience similaire durant mes séances de psychanalyse où la libre association me conduisait souvent (pas toujours d'ailleurs) à quelque chose d'inespéré qui me permettait de remettre en question ce que j'avais depuis toujours tenu pour vrai. L'association d'idées produisait un déséquilibre salutaire de mes réflexes basés sur la concentration. Dans le mouvement qui me guidait d'un mot à l'autre, d'une anecdote à une autre, je découvrais une vraie méthode (au sens étymologique) de réflexion. Les psychanalystes et les puristes me diront que dans les séances sur le divan le hasard n'existe pas et que la méthode est signifiante dans la mesure où elle renvoie à l'inconscient du sujet, donc à une vérité. Je suis assez d'accord avec cette idée, mais je crois qu'il y a de l'inconscient dans la navigation sur le Web, dans le surfing sur les pensées et même dans le zapping sur les postes de télévision. Tous les dispositifs de perte d'équilibre de la pensée et de passage d'une idée à l'autre font appel à un hasard qui ne peut que concerner celui ou celle qui lui prête sens. Le Web est un moteur qui démarre la machine de la pensée et le hasard n'est peut-être pas si bête qu'il en a l'air, si on veut lui trouver une signification qui garde l'esprit alerte, qui ne reposerait pas sur le destin, mais qui voudrait s'interroger sur le processus du sens. Le hasard peut, c'est évident quand on se repose trop sur lui, être source de sommeils psychiques, d'abrutissements intellectuels, mais je préfère croire qu'il permet un travail de l'intelligence qui lutterait avec l'arbitraire pour produire un réseau de significations.

Je ne peux affirmer que la frustration, l'insatisfaction et le vide ne font pas partie de mes pérégrinations sur le Web ou sur la télé. Il m'arrive d'avoir l'impression de perdre mon temps et mon énergie, mais il m'arrive aussi, et plutôt souvent, de tomber sur une idée qui me semble intéressante, grâce au « hasard objectif » (comme l'aurait nommé André Breton) que constitue l'errance. Les idées viennent en marchant, disait Nietzsche, et je crois avec lui qu'il faut se « promener » pour penser.

La nausée de l'immigrant

Mes parents sont arrivés en 1957 en Amérique, par bateau. Bien sûr. À cette époque, les immigrants arrivés de l'Europe morose de l'après-guerre ne prenaient pas l'avion pour venir en terre «américaine». Ils prenaient un gros paquebot bleu et devaient traverser l'Atlantique quelques jours durant lesquels ils avaient le temps de laisser leurs espoirs se gonfler au gré des vagues et de leur mal de mer, de faire le deuil de leurs origines pour en imaginer de nouvelles. Ma tante Élodie, en 1946, qui suivit son G.I. de fiancé, son soldat libérateur rencontré en Normandie, dans son patelin, sous une pluie d'obus allemands, était considérée comme une excentrique parce qu'elle avait fait le voyage en avion de presque vingt heures pour franchir la distance qui sépare Paris de Chicago, la ville de son futur époux. «Qui prend mari prend pays», et ma tante n'est jamais retournée en France, ni par bateau ni par avion, même pas pour un séjour éclair, depuis 1946. Cela aurait été tout simplement trop douloureux.

Mon père, qui n'avait rien d'un grand G.I. américain mais tout d'un petit Méditerranéen futé mais fauché, prit comme tout le monde la mer pour émigrer et vint d'Alger en passant par Le Havre sur ce bateau au nom encore évocateur à l'époque, *Homeric*. Avec son père et sa sœur, il débarqua dans le port de Montréal en juillet 1957. Ma mère, venue avec son premier mari, son fils, sa sœur et sa propre mère, était montée à Cherbourg sur le *Queen Elizabeth*, un paquebot anglais et était débarquée à New York, le 26 juin de la même année.

Mes parents ne se connaissaient pas en 1957, mais le hasard (est-ce que cela existe ?) a voulu qu'ils aient traversé l'océan presque ensemble. L'année dernière en juillet, on aurait pu fêter, si nous fêtions ce genre d'événement, si les immigrants ne gardaient pas toujours quelque honte d'avoir quitté leur pays, les cinquante années de mes parents sur ce continent. Et je suis le fruit de ces traversées maritimes de 1957, même si je ne suis née que quatre ans plus tard, à Chicago, au milieu des États-Unis, bien loin de l'océan, sur le plancher des vaches et du maïs que mes parents n'ont jamais pu manger. Les Européens de leur époque voyaient le blé d'inde comme de la nourriture pour les cochons. Je suis une fille du maïs, même si j'ai dû pour cela renier souvent l'Europe de mes parents.

Ma mère en octobre 1961 (j'avais neuf mois) retourna seule en France avec moi et quand elle revint par bateau, quelques semaines plus tard, dès qu'elle eut mis le pied sur le pont du navire, fut prise d'un mal de mer qui ne la quitta qu'à son arrivée à New York, où mon père, qu'elle avait décidé de prendre un jour pour mari, l'attendait. Il faut croire que la décision de revenir en Amérique lui donna la nausée. Ce n'était pas la nausée bien banale d'une femme qui recule à s'engager avec un homme, mais celle de quitter les siens, sa terre, sa mère : la nausée de l'exil.

Quand j'ai lu l'épopée dans *Mort à crédit* que Louis-Ferdinand Céline fait de sa traversée, vers l'Angleterre avec son père et sa mère, j'ai beaucoup ri. Cela va comme ça :

> Ma mère alors s'est résorbée dans l'abri pour les ceintures... C'est elle la première qu'a vomi à travers le pont et dans les troisièmes... Ça a fait le vide un instant... D'autres personnes alors s'y sont mises à faire des efforts inouïs... par-dessus bord et bastingages... Dans le balancier, contre le mouvement, on dégueulait sans manières, au petit bonheur... Y avait qu'un seul cabinet au coin de la cursive... Il était déjà rempli par quatre vomitiques affalés, coincés à bras le corps... La mer gonflait à mesure... À chaque houle, la remontée, un bon rendu... À la descente au moins douze bien plus opulents, plus compacts... Ma mère sa voilette, la rafale, la lui arrache, trempée... elle va plaquer sur la bouche d'une dame à l'autre extrémité... mourante de renvois... Plus de résistance ! Sur l'horizon des confitures... la salade... le marengo... le café-crème... tout le ragoût... tout dégorge !...

J'ai souvent imaginé ma mère comme la mère de Céline, ses membres, ses aliments, son corps pêle-mêle dans le bateau. En octobre 1961, ma mère ne retient plus rien. Elle s'en va sur un véritable radeau de la Méduse, mais il n'y aura pas de naufrage, pas de mort. Ma mère arrivera à bon port, celui de son avenir. Ce fut le passage terrible d'un monde à l'autre, le voyage dont on ne savait si on reviendrait. Franchir les mers, ou les bras de mer, même pour un temps, cela fut longtemps une initiation, un passage difficile. Et ma mère n'a plus jamais traversé l'Atlantique depuis l'enterrement de sa mère en 1971. L'avion, tout comme le bateau, la rend malade.

Ma grand-mère était morte «chez nous», à l'Hôpital Fleury, lors d'un séjour à Montréal, et l'on renvoya son corps par avion pour qu'elle puisse être enterrée dans la terre normande avec son mari. Parce que c'est cela aussi l'immigration : ne pas savoir où l'on sera enterré. Hésiter sans cesse, pour les pas trop pauvres, entre la terre d'accueil ou encore celle des siens, de ses ancêtres. Nous n'étions pas riches, mais toute la famille s'est saignée aux quatre veines pour que ma grand-mère soit enterrée dans son village natal. Et mon oncle qui mourut à Bay City s'est fait incinérer pour que ce qui restait de lui puisse se mêler au corps mort de sa mère dans son pays natal.

Je m'amuse souvent à penser que l'immigration en Amérique fut enfantée dans le mal de mer. Dans ce rite initiatique qui consistait pendant quelques jours à ne pas être soi, à dégueuler son passé, à se vider les boyaux, pour pouvoir recommencer sa vie, ailleurs, autre, quelque chose du passage pouvait s'inscrire. Je ne suis bien sûr pas nostalgique de cette époque de dégueulis collectif, mais il y aurait fort à penser à ce que l'avion, de nos jours, permet comme deuil du passé, comme digestion ou indigestion de sa vie ou encore comme stabilité ou instabilité du corps et de l'âme qui se dirigent vers l'ailleurs. Il faut bien dire que le mal de cœur n'a pas disparu de l'imaginaire du transport aérien, puisque nous pouvons toucher, avoir accès de notre siège à ces sacs à déjection qui se trouvent lovés dans la pochette du siège avant. La peur pour beaucoup de ceux qui partent n'est pas celle de l'écrasement d'avion ou d'un «nulle part» dans le ciel incertain. Ce qu'il craignent, les immigrants, c'est que le pont entre leurs origines et la terre d'accueil ne fonctionne que trop bien ou encore qu'il marche dans le sens inverse et qu'ils soient contraints dès leur arrivée de retourner chez eux. C'est peut-être pour ces «gens-là», les immigrants, que les sacs à déjection continuent à exister dans les avions... Parce que le mal de mer aérien, à moins d'avoir attrapé la tourista, qui l'a encore parmi nous qui voyageons pour le plaisir?

Chaque année, le gouvernement américain et sa garde côtière renvoient dans leur pays des milliers de réfugiés. Et puis il y a cet homme, retrouvé à Paris dans un avion venant de Montréal, qui était venu d'Afrique clandestinement caché dans le train d'atterrissage. Son corps mort traversa les océans je ne sais combien de fois, sans que personne ne s'en aperçoive. Je n'ose penser à l'horreur de ce qu'il a vécu. Cela me donne simplement la nausée.

Une petite signature, s'il vous plaît...

Quand j'étais tout enfant, à Bay City comme à Ville d'Anjou et plus tard à Montréal-Nord, puis Saint-Léonard, nous vivions dans un tout petit monde, replié sur lui-même. Nous étions des immigrants et n'avions que très peu de contacts avec ce qui me semblait être la vie même. Mon père m'apparaissait, quand il était là, comme le seul lien que je pouvais avoir avec les vivants, puisque ma mère, malgré ses espoirs éthérés en l'avenir, ne s'entretenait qu'avec son passé, ses guerres et ses morts. Mon père travaillait. Il allait de temps en temps en prison pour fraude. Il nous amenait, malgré lui, alors qu'il n'habitait pas toujours avec nous, des huissiers à sept heures du matin à la porte de la maison qui venaient saisir tous nos biens et meubles. Quand nous gueulions, mon père nous promettait de se suicider du septième étage de son bureau au coin de Berri et Sherbrooke, en sautant par une des fenêtres de l'immeuble qui abritait le Centre capillaire Pierre, et revenait le lendemain matin en ayant tout oublié, frais comme une rose. Mon père fumait des Dunhill et prenait l'avion deux ou trois fois par mois pour s'envoler en première classe vers la Grèce où je ne suis jamais allée. Ses maîtresses nous téléphonaient à toute heure du jour et de la nuit. Ses créanciers nous menaçaient de mort mon petit frère et moi. On nous jurait de nous casser les jambes ou de nous descendre à bout portant...

Mon père avait une vie pleine d'événements qu'il ne partageait pas vraiment avec nous, même si je me retrouvais souvent à payer pour les pots cassés et à trembler de peur pour ma mère et mon petit frère. Mon père respirait un autre air que celui vicié de la maison et j'en étais absolument jalouse... J'aurais tout donné pour être mon père. Pour fuir loin de Bay City où j'allais l'été ou de la rue Rimbaud près du Métropolitain. J'aurais tout donné pour devenir mon père, mais il m'était impossible, contrairement à lui, de vraiment abandonner ce qui me restait de famille.

À la fin de l'adolescence, quand j'ai lu Proust, je me suis longuement attardée à la scène où le narrateur est privé du baiser maternel parce que les parents reçoivent Swann à dîner et que l'enfant doit aller se coucher seul. Swann ou un autre fâcheux n'est jamais venu nous ravir notre mère et nous empêcher de l'embrasser le soir. Chez nous, on ne venait pas. Nous ne connaissions presque personne. Il n'y avait que les huissiers, le facteur, la police et la mafia qui sonnaient à la porte. Et je ne savais pas trop ce que c'était que d'« avoir du monde ». Adorno raconte combien les enfants sont heureux quand les parents invitent des gens à dormir ou à dîner, quand la famille soudain accueille quelque chose de l'extérieur. Il a raison. Les enfants ont besoin de bonnes ou de mauvaises fées venues d'ailleurs pour les sortir de l'ordre ou de la folie de la famille. Ils ont besoin de vieux hommes sévères qui leur diront quelque bêtise et qui leur ordonneront, un peu ivres, d'aller se coucher, de dames endimanchées qui viennent parler à voix basse à leur mère le soir et qui fument une cigarette en se plaignant de leur mari. Les enfants ont besoin de s'endormir doucement bercés par les éclats de voix des convives dans la cuisine ou, chez les plus riches, dans la salle à manger.

Ma mère ici n'avait pas de famille, pas d'amis. Elle ne travaillait pas. Elle faisait ce qu'elle pouvait et pas mal de dépressions. Mon père, lui, faisait des affaires. Au loin. C'est l'école qui nous a permis de ramener des gens dans notre duplex ignoble. C'est l'école qui a rendu notre vie plus heureuse et qui a donné à ma mère quelques relations dans les parents de nos amis. Il n'est pas toujours aisé de s'« intégrer » à un nouveau milieu, une nouvelle terre. Pour mon père, c'était plus facile, mais ma mère, dans sa banlieue, sans argent, dépendante du bon vouloir de son mari, à quoi pouvait-elle prétendre? Même pas à la compréhension de ses enfants qui rêvaient de la quitter au plus sacrant, elle et sa solitude.

Alors, il y a quelques jours j'ai sursauté quand j'ai vu dans le journal cette idée farfelue et politiquement inacceptable de faire signer aux immigrants une déclaration sur les valeurs communes de la société québécoise qui serait conditionnelle à leur venue au Québec. Ma mère aurait signé une telle déclaration si elle avait dû... Aurait-elle eu le choix? Mais cela ne nous aurait pas donné des amis, un milieu. Cela ne lui aurait pas procuré un travail ou des gens avec lesquels oublier ses chagrins. Il ne faudrait peut-être pas limiter cette signature aux immigrants. Pourquoi ne pas faire signer tout le monde pour bien prouver que nous sommes québécois, que nous avons des valeurs communes ? Nous pourrions alors condamner ceux qui refusent de se soumettre, éventuellement les exclure... À l'heure actuelle, beaucoup de Québécois de souche comme on disait encore il y a très peu de temps, avant de dire d'autres bêtises, et beaucoup d'« étrangers » aussi signeraient cette déclaration ridicule si on le leur demandait.

Ils espéreraient être heureux et faire partie d'une société dont ils aimeraient partager les valeurs mais de laquelle ils se sentent dépossédés, malgré eux.

Beaucoup d'enfants rêvent que leurs parents connaissent autre chose que l'absence de lien et de famille un peu large. Beaucoup d'enfants souhaitent que leur mère ait une amie avec laquelle partager sa peine, afin qu'eux n'aient pas à essuyer les larmes maternelles. Tout le monde est prêt à signer n'importe quelle déclaration indéfendable, inquiétante, saugrenue pour faire partie d'une société. Il ne faut pas imaginer que les gens qui viennent ici rejettent ce qui fait la société québécoise. Il ne faut pas croire qu'il y ait une envie réelle des immigrants de vivre en vase clos. La plupart des gens sont fiers d'être accueillis et de devenir québécois. Étonnant, non ? Il faut arrêter de croire que les autres cultures méprisent le Québec et ne rêvent que de s'y planquer en petites communautés sans aucun contact avec les autres. Le Québec peut être quelque chose de désirable pour les autres nations... Oui et il est temps de le savoir. Il est temps d'arrêter de se construire en victimes d'un complot malsain des « étrangers ».

Faire signer cette déclaration par les gens serait un pas de plus vers la connerie ou l'incompréhension qui semble être notre seul territoire habitable en ce moment.

Le Québec est un lieu que les gens de partout respectent, admirent et souvent envient, n'en déplaise à nos complexes... C'est cela qu'il faut peut-être préserver.

Motel Tropicana

Je garde de mes années à Bay City un goût immodéré pour les motels le long des autoroutes et une sainte horreur du petit bed & breakfast bien situé, coquet, aux rideaux en dentelle et à la couverture «crochetée». Je déteste avoir à dire bonjour le matin à quelqu'un que je ne connais pas, devoir raconter mes projets du jour ou encore partager une salle de bains avec des propriétaires méfiants. Je n'aime pas manger les produits locaux en m'exclamant de bonheur et je veux avoir le droit de ne pas finir mon assiette préparée avec soin et amour sans que cela ne vexe quelqu'un.

Les motels dans leur anonymat et leur inauthenticité me permettent d'être moi-même et de retrouver partout à travers l'Amérique et le monde le vide que j'ai voulu faire mien depuis mon enfance.

C'est pourquoi j'adore aussi les grands magasins, les centres d'achats et les boutiques du centre-ville, toutes semblables les unes aux autres, où je me promène sans but et où les vendeurs de chaussures me lancent un «bonjour, tu vas bien?» sans attendre ma réponse ou encore me traduisent nonchalamment leur question en anglais. On l'aura compris, je ne suis pas nostalgique. Si

Bay City est un enfer, il reste que cet enfer est la meilleure partie de moi et qu'il m'est impossible d'oublier les joies que j'ai connues dans la kitschification du monde. Je suis pourtant critique d'un certaine mode de vie qui ne conduit guère à l'intelligence et à la réflexion, mais je sais aussi que l'habit ne fait pas tout à fait le moine et que le motel ne fait pas la salope, pas plus que le B&B ne fait des subversifs ou encore des contestataires de l'empire mondialisant.

Ce qui m'étonne encore au Québec, c'est que l'embourgeoisement des classes sociales passe par une volonté de « retour » à de l'authentique, à une européanisation de l'imaginaire et à l'abandon de la bière pour le bon petit vin du terroir.

Pour mes parents qui ont vécu la Deuxième Guerre mondiale, l'Europe n'est pas simplement le lieu de la grande culture, elle est l'expérience même de la catastrophe, du désastre et l'holocauste suffit encore à nous montrer combien la civilisation peut être barbare. Dans l'absence de culture et l'américanisation du monde, se révèlent tous les jours et se révèleront encore, bien sûr, quelques apocalypses. Que cela ne nous permette pas d'oublier qu'il y en eut plusieurs dans l'Histoire et surtout au vingtième siècle, dans les lieux les plus civilisés où le retour à une authenticité natale était de mise, quand les forêts de l'Allemagne participaient pleinement à l'idéologie nazie. Les grands centres d'achats de béton, tout comme les montagnes enneigées et fières de la Bavière, peuvent être porteurs du pire. C'est à nous, dans un motel aseptisé ou dans un bed & breakfast tout mignonnet de rester vigilants et de ne jamais oublier que rien ne peut nous mettre à l'abri de l'horreur contemporaine.

En voiture!

Lorsque j'étais enfant et puis plus tard, jeune adolescente, chaque matin et chaque soir dans la voiture aux côtés de mon père qui me conduisait à l'école, je passais une heure à écouter à la radio une émission de Michel Desrochers dont la mort m'a longtemps hantée. En 2005, le corps de Desrochers fut retrouvé dans les eaux du Saint-Laurent. On parla de suicide. Pendant des mois, je fis rejouer mentalement la bande sonore des matins de mon enfance où les éclats de rire joyeux de l'animateur protégeaient mes jours. Je me mis à tenter de retrouver le grain de la voix de Desrochers qui reste une part précieuse de mon enfance. Mon père me parlait peu durant le trajet long qui séparait Saint-Léonard de Snowdon, mais il me mettait Michel Desrochers qui devenait à mon insu, peu à peu, la partie vocale de mon père, alors que la voiture incarnait le reste du corps paternel extrêmement menaçant, porteur de mort.

. Michel Desrochers avait passé des années en France, à Europe 1 et avait gardé un petit quelque chose de français dans sa voix. Mon père, qui avait l'accent pied-noir et le parler sombre, cédait sa place à celui qui dans mon esprit pouvait être le mari de ma mère si française. Celle-ci aurait dû épouser un homme à sa mesure, un « métropo-litain » à la voix tonitruante et magistrale. Elle aurait ainsi arrêté de nous corriger tous, le mari, les enfants et nos accents de colonisés algériens ou québécois. Dans mon esprit, Desrochers était le père que ma mère aurait voulu pour nous, et je ne savais si je l'aimais ou si je le détestais. Mais sa voix était le récipient de mes angoisses du matin. Elle portait quelque chose de mes tourments quotidiens, ridicules, mesquins et dans sa vibration, je me permettais de m'assoupir, de me reposer avant d'affronter le monde.

Je ne sais plus pourquoi mon père décida de me conduire chaque jour à l'école et de venir me rechercher. Je me rappelle que toute petite, je prenais l'autobus sco-laire ponctuel et bondé. Et puis après, je me rappelle passer des heures le soir à attendre mon père qui ne venait me chercher qu'à la toute dernière minute, juste avant la fermeture de l'école. Je me souviens d'espérer sagement dans le hall d'entrée de l'école que mon père arrive et de m'inquiéter, naïve, pour lui. Je me souviens aussi d'avoir eu peur tous les matins d'être en retard parce que mon père nous faisait partir invariablement trop tard. Malgré la voix réconfortante de Michel Desrochers qui me berçait tout le long du chemin de l'école, je craignais de devoir demander un billet d'entrée au collège et je jouais contre la montre en indiquant à mon père des rues moins encombrées que Desrochers identifiait à la radio. Je sais que mon père aimait me voir paniquée, comme il aimait me savoir désemparée, inquiète dans la cour d'école à l'attendre. J'ai porté toute ma vie le fait que lui, mon père, a attendu en vain le retour de sa mère. J'ai dû vivre pour lui, avec lui mais sans lui, l'horrible angoisse de passer des heures à guetter l'horizon pour savoir si la personne qu'on aime arrive. J'ai dû aussi porter pour mon père le sentiment d'urgence. Faire tout à la dernière minute pour se faire croire qu'on n'y arrivera pas, que cela sera impossible et puis réussir tout à coup pour devenir un petit héros : telle a été la vie de mon père. Se battre avec le temps, déjouer les embûches de la circulation du matin, faire un parcours d'obstacles essoufflant et courir à mon cours de latin en claquant la portière derrière moi, voilà ce qui a été mon lot chaque jour d'école.

J'étais la copilote, disait mon père. Celle qui connaissait toutes les rues de Montréal. Je pourrais être chauffeur de taxi, me promettait-il, fier. Mais je savais bien qu'il préférait que je devienne avocate pour le défendre en cour.

Je n'ai pas fait mon droit et je ne sais toujours pas conduire. En revanche, je garde de ces années passées avec mon père en voiture un grand sens de l'orientation. Il ne m'arrive pas de me perdre. Et dans une ville étrangère, je sais toujours où je suis. Je suis restée la fille de mon père, celle qui reste assise à la droite du chauffeur dans la voiture, celle qui ne prend jamais le volant. Celle qui connaît la route. En voyage, ma mère elle-même, quand mon père conduisait, refusait de s'asseoir à côté de son mari. Elle préférait souvent prendre place avec mon frère sur la banquette arrière, où elle était plus à son aise, selon elle. Moi devant, j'indiquais la route à mon père, les chemins du Canada et des États-Unis.

Lorsque j'étais toute petite, nous avions une Oldsmobile bleu ciel. Mais un matin, les huissiers l'ont saisie et je ne l'ai plus jamais revue. Cette voiture m'était douce. Mon père la conduisait d'un doigt. *Power steering*, disait-il heureux. La voiture tanguait sur les autoroutes et me semblait être un grand paquebot qui pouvait nous conduire vers un autre monde. Beaucoup plus clément. Ma mère était au volant d'une Renault 2 blanche, nerveuse, une « boîte à sardines », comme on disait à l'époque, qui n'avait rien de l'hospitalité et du confort de notre grosse américaine.

Notre Oldsmobile a été remplacée quelques années par une Buick Wildcat verte au toit noir. Je ne sais ce qu'elle est devenue. Saisie pas les huissiers ou vendue, elle n'a de toute façon pas fait long feu. Mon père s'est procuré vite une Cadillac Brougham de luxe qui faisait un certain effet dans notre garage du Saint-Léonard mafieux et qui avait un air qu'on appelait conditionné et des fauteuils en velours beige. C'est dans cette bulle climatisée ou chauffée que je traversais la ville, d'est en ouest, chaque jour derrière des vitres fumées qui me faisaient voir Montréal et ses quartiers de loin, comme des ombres chinoises.

Quand mon père était en voyage, ce qui était quand même très, très fréquent, un de ses acolytes méditerranéens le remplaçait au volant. J'étais alors privée de Michel Desrochers. Les copains de mon père, en fumant cigarette sur cigarette (ce qui me rendait nauséeuse), ne mettaient que CHOM FM. Même si à l'époque j'aimais la musique de ce poste, parce que parfois j'y entendais Alice Cooper, la voix de Michel me manquait comme celle d'un père. Les amis du mien me disaient qu'un jour j'apprendrais le grec, qu'un jour j'irais vivre en Grèce, terre vers laquelle, autour de moi, tous les rêves d'avenir masculins convergeaient. En fait, à quarante-huit ans, je n'ai pas encore mis les pieds dans ce pays mythique et je ne sais pas beaucoup de mots grecs, à l'exception bien sûr de *trapeza* qui veut dire « banque » et de *aftokinito* qui signifie « voiture »... Ces vocables, je les connais parce que mon père les utilisait sans parcimonie. Ils lui étaient quand même très utiles et constituaient l'essentiel de sa vie.

J'ai quelques souvenirs terribles de la voiture et particulièrement de notre Cadillac Brougham de luxe, beige, véritable fourgon à cercueils. Un jour, mon père en colère contre ma mère arrête sec la bagnole en plein milieu du Métropolitain, nous plante là et se dirige vers la sortie Chistophe-Colomb à pied. Je ne sais comment ni lui ni nous ne nous sommes pas retrouvés à la morgue. Ma mère prit le volant. Et nous conduisit chez nous sans dire un mot. Je ne me rappelle pas quand mon père revint. Il dut rentrer chez lui à pied ou appeler un de ses compatriotes.

Un matin, mon père, qui avait encore décidé de mettre fin à ses jours, lança, en la sortant à toute vitesse du garage, la voiture contre un lampadaire devant chez nous. Mon frère et moi à l'intérieur du véhicule n'eûmes par miracle que des contusions. La voiture fut pas mal cabossée. Mon père prétendit alors que la Cadillac avait un défaut de fabrication, que lui n'avait rien fait, n'avait appuyé sur aucune pédale. La bagnole serait devenue folle toute seule... Je ne sais s'il a réussi à faire gober cela aux assureurs. Peut-être. Mais pas à nous. Nous avions l'habitude des «suicides» de mon père. Il mettait souvent le feu à la maison et mon frère et moi devions arrêter l'incendie naissant et «accidentel» qui menaçait de tous nous emporter.

Dans ma famille, la voiture a toujours été un engin de mort. Mon père quittait le duplex sur les chapeaux de roue en faisant crisser les pneus et en manquant tuer tout ce qui était sur son passage. J'ai longtemps espéré, en vain, qu'il trouve la mort qu'il souhaitait tant pour lui et pour les autres en voiture sans faire de mal à des gens innocents.

Je ne sais pas conduire. Cela n'a rien d'une prise de position écologique ou encore d'une excentricité d'intellectuelle. Je ne peux pas conduire. Je suis restée la copilote, le bras droit des pères et des autres sur la route de la vie. Si je ne peux pas conduire moi-même, ce n'est pas une question de manque de responsabilité ou de courage. Celle qui dans les films met un revolver sur la tempe du conducteur en lui disant: «voilà, maintenant tu vas où je te dis», c'est moi! En fait, cette fille-là serait le versant héroïque, hollywoodien de mon être. La version plus banale veut que je sois plutôt celle qui, dans l'auto, ne sait occuper que ce qu'on appelle la place du mort.

Ce mort que mon père et ses voitures n'ont pas réussi à tuer tout à fait.

« Je suis snob »

Il m'arrive souvent d'écouter sur mon iPod la voix un peu
nasillarde d'André Dussolier lisant *À la recherche du
temps perdu* de Proust et en entendant la description de
Charlus, de me mettre à rigoler d'un fou rire insensé qui
a la capacité de me faire oublier où je suis et ce que je vis.
J'aime tout particulièrement, dans des lieux ou des situations difficiles, m'extraire du monde et choisir par des
mots, des paroles, des airs de musique mon environnement en tentant de faire fi de la laideur qui m'entoure. Je
suis snob, disait-on de moi quand j'étais petite. Il est vrai
qu'il m'était parfois difficile de vivre à côté des raffineries
de pétrole de Pointe-aux-Trembles et de passer tous les
jours sur le Métropolitain, à l'intérieur de la Cadillac de
mon père qui me conduisait à l'école, près des deux che-
minées de la carrière Miron. Il m'était douloureux de
penser à l'enfance de mes parents dans les prés du
Calvados auprès de grandes vaches rousses ou encore
dans Alger la blanche, face à la Méditerranée vibrante,
alors que mon existence se limitait le plus souvent à une
balade au centre commercial de la place Versailles, qui
n'avait rien du palais de Louis XIV, ou encore à un tour
dans le parking des Galeries d'Anjou qui ne me rappe-

laient pas, malgré leur nom, la « douceur angevine » dont parle du Bellay.

Dans le journal *La Presse,* Chantal Guy parle de la beauté et de la laideur qui nous seraient données dès nos origines. Pour elle, il y aurait des écrivains du beau et du laid. Elle a bien raison. Et je crois ne pas être capable de pouvoir atteindre le beau par l'écriture. Je ne peux m'ancrer que dans l'horrible, l'immonde, même si dans ma vie, il y a un véritable désir de créer pour moi et les autres des lieux et des moments où la grâce et la douceur sont présentes. Dans la voix de ma mère et dans celle de mon père, il y avait la nostalgie de la beauté de leur enfance et c'est cette beauté-là, cette poésie du monde qui m'était ôtée avant même que je puisse la connaître. Mes parents ne m'ont pas fait cadeau de la nature du Nouveau Monde. Je ne savais du Québec que ses banlieues peu reluisantes et envahies par la pollution. Néanmoins, malgré un environnement ingrat, j'ai repoussé la nostalgie qui prend tant d'enfants d'immigrants. Et si j'ai, malgré tout, beaucoup cherché dans mon existence à faire advenir une certaine harmonie, l'écriture restera pour moi un lieu de chaos, de monstruosités où le chant de l'enfer est grinçant, cacophonique, banlieusard.

Un jeune chercheur, David, avec lequel je travaille, s'intéresse à la culture qui circulait à l'intérieur des camps de concentration, au recours aux textes littéraires, à la musique, à l'art et à ses restes mémoriels dans les lieux de la barbarie. Durant un témoignage que j'ai écouté dans un musée de la Shoah, un homme racontait comment il forçait ses amis à se rappeler certains passages de livres appris par cœur ou encore comment il entonnait avec ses comparses les mouvements d'une symphonie de Beethoven, alors qu'ils avaient tous passé la journée à brûler des corps... L'art et le beau ne sauvent pas de la mort ni de l'ignoble, mais ils permettent d'y échapper par moments, de se donner une liberté face à l'atrocité qu'est la vie.

Tout récemment, une situation bien banale m'a rappelé le sentiment d'exclusion que j'ai pu ressentir très souvent enfant. Il est vrai qu'il pouvait y avoir entre moi et les autres certaines différences que l'on voulait accentuer, mais il me semble plus juste de dire que, très vite, j'ai décidé de cultiver cet écart, de ne pas être comme ceux qui m'entouraient et qui acceptaient cette laideur qui nous condamnait tous au pire. Je me souviens d'un Noël à Saint-Léonard où mon oncle nous faisait faire le tour de l'appartement à genoux pour venir demander les cadeaux sous l'arbre en suppliant les adultes ou en embrassant tous les «mononcles» et grands-papas présents. Il fallait faire alors quelques «steppettes» ou entonner une chanson grivoise pour avoir droit à une Barbie ou à une grue. Mon frère et moi avons très vite accepté de nous priver des présents familiaux pour ne pas nous soumettre à cette coutume grotesque, humiliante. Nous étions des snobs, des prétentieux. C'est vrai. Et nous ne riions guère quand nous allions aux mariages des rares amis de mes parents, que la vulgarité s'emparait de la salle et que le plaisir des convives venait de la surabondance d'actes et de blagues pornographiques mal assumés. Nous étions là encore irrémédiablement snobs.

À ma défense, je dois dire que mon snobisme n'a rien à voir avec celui du personnage de Legrandin que décrit magnifiquement Proust et qui me fait tant rire, puisqu'il me rappelle des gens que je connais. Non, il ne m'arrive jamais comme à Legrandin d'avoir honte de fréquenter des « manants » devant des amis de la « haute société » ni de croiser des « vilains » sans leur dire bonjour en prenant un air absent, pénétré, absorbé par des propos « passionnants » pour ne pas avoir à montrer à mes relations « aristocratiques » que j'ai des accointances avec la « plèbe ».

Récemment, un de mes amis qui se savait mourant, commença à passer en revue toutes les saloperies que lui avait faites ses collègues au travail. Je l'interrompis en lui disant : « Je vous croyais plus snob que cela. J'ai toujours vu en vous un dandy et je ne veux pas que notre dernière conversation tourne autour de ces gens-là. Parlons de quelque chose de beau, de quelque chose qui vous fera rêver. » J'avais du mal à tenir ce discours à ce vieil ami agonisant, mais ces mots ont eu un effet bénéfique sur lui et nous pûmes rire un peu de la vie qui est, je le sais, méchante, mais sur laquelle nous avons tout de même un tout petit pouvoir qu'il ne faut pas négliger...

Le snobisme a eu un effet protecteur pour moi, même s'il m'a valu quelques coups et pas mal d'insultes. Je ne bois pas que des bons vins, je ne porte pas que des marques connues, je ne vois pas que des films suédois, sous-titrés, je ne vais pas souvent au musée et quand je serai morte, je ne tiens pas à un « suaire de chez Dior », pas plus qu'à un linceul Prada. Mais je suis snob, plus snob que cela, « plus snob que tout à l'heure ». J'ai beaucoup adulé Boris Vian et je trouvais dès dix ans qu'il était préférable de mourir d'un nénuphar géant que d'un cancer méchant. Bien sûr, c'est la même mort franchement hideuse, mais le mot nénuphar reste plus joli et console quelques instants.

En fait, pour être tout à fait juste, ce n'est pas seulement la recherche du beau qui me motive, parce qu'il m'arrive, comme à tout un chacun, de me vautrer dans le laid avec délectation (et surtout par l'écriture), mais je suis dans la quête éperdue, nécessairement snobinarde, de pouvoir penser et vivre sans le carcan qu'est le regard des autres. J'ai beaucoup travaillé pour que ce que l'on pense de moi ne compte pour rien dans ma vie et ce n'est pas facile pour quelqu'un de sensible de parvenir à cette indifférence. J'ai cru que le statut de professeure ou encore d'écrivaine me donnerait la possibilité d'avoir ce qu'on appelle la liberté intellectuelle, mais je me suis vite aperçue que les milieux lettrés sont très conformistes parce que remplis de beaucoup de gens qui ont souffert d'une certaine exclusion et qui sont désormais prêts à vendre père et mère et à renier leurs origines pour jouir d'une certaine reconnaissance, d'une réhabilitation sociale.

Je tiens à devenir (je ne le suis pas encore tout à fait...) un esprit libre qui ne se soumet à aucun diktat, à aucune parole commune que l'on tient pour naturelle, normale. J'ai fait partie de beaucoup de groupes, j'ai œuvré dans des revues collectives, dans des associations, mais cela ne m'a jamais empêchée de me méfier comme de la peste des regroupements, des unions et des sociétés en tous genres. Même mon syndicat plein de bonne volonté me paraît un groupe suspect où les membres se mettent à penser tous de la même façon. Récemment encore quelqu'un me disait que j'ai des tendances anarchistes.

Absolument pas... Je suis juste une snob, une bêcheuse, une crâneuse... Et cela me va. Parce que, mine de rien, c'est du boulot par les temps qui courent.

Mes nourritures terrestres

J'ai été élevée dans le faux. Mes paradis étaient artificiels. J'ai vécu dans un univers fait tout de nylon, dans un monde de plastique. Je respirais l'air froid des climatiseurs bruyants et l'odeur enivrante des produits chimiques désinfectants. Je ne me déplaçais qu'en grosse voiture, en moto ou en go-kart, et ce, même pour aller à moins d'un mille de chez nous. Mes vêtements *permanent press* séchaient en un clin d'œil et résistaient à tous les assauts que je leur faisais subir. Je m'arrosais les aisselles d'un *antiperspirant* corsé, à base d'aluminium et m'aspergeais le vagin d'un déodorant à la poudre pour bébés, je me lavais les dents cinq ou six fois par jour. Je buvais du Tang ou du Kool-Aid, en riant, quand j'étais en panne de Seven Up ou de Coke. Nous mangions du Jello bleu, des puddings au chocolat ou à la vanille qui avaient une consistance étrange, trop solide, du fromage orange et des crottes de fromage de la même couleur, des hot dogs à la saucisse en fibre de verre, du baloney en tranches reconstituées, du ragoût de bœuf ou du porc en conserve, du spaghetti à la sauce Boyardee pour la préparation duquel je suivais méthodiquement les instructions, des frites surgelées McCain, des pizzas de la même marque et du pain à l'ail que je réchauffais à 450 °F dans le four avant d'avoir un micro-ondes, des TV Dinners à la dinde nappée de sauce aux canneberges, servis dans des petits plateaux d'aluminium compartimentés, des sachets de soupe Lipton au poulet et nouilles sur lesquels je versais un peu d'eau bouillante. Je finissais mes repas goulûment avec du Nescafé ou du Nestlé Quick que je mélangeais avec de l'eau chaude prise directement du robinet. Après mes festins, quand j'avais la chance d'être seule à la maison, je foutais les ustensiles, mon assiette et mon verre en plastique dans la poubelle. Tout allait très vite et j'étais heureuse. J'aimais ce que je dévorais sans trop y penser d'ailleurs et j'ouvrais des yeux ronds quand ma mère et ma tante disaient que l'on bouffait mal en Amérique et qu'il n'y avait rien à manger ici.

À l'époque, nous n'étions pas contre la nature. Loin de là. Je me lavais les cheveux, que j'ai longtemps porté en bas des fesses, avec un shampooing vert forêt appelé Herbal Essences qui devait nous rappeler la sève des arbres du Québec ou du Michigan et qui nous promettait surtout une chevelure forte et odorante comme les branches de sapin. Notre *station wagon* avait un tableau de bord et des panneaux sur ses flancs en simili-bois qui devaient nous rappeler la texture des arbres. Mes voisins ramenaient souvent de la chasse un orignal dont la tête ornait fièrement leur voiture. Nous achetions même des boules de neige, des *snowdomes*, en plastique qui représentaient les forêts du Midwest l'hiver et nous faisions du camping sauvage près d'un lac pollué. La nature, malgré l'artificiel de nos existences et de nos décors, n'était pas bannie de nos vies, mais elle n'était pas une morale comme elle l'est maintenant pour tant de gens qui, comme moi, ont changé de classe sociale et sont devenus des parvenus en quête d'authenticité et de valeurs.

Pour devenir une intellectuelle, il a fallu que je m'arrache à mon milieu «naturel», que je crache sur l'artificialité de ma vie, que je dénonce la malbouffe, que je déteste la télévision pour toujours lui préférer la lecture «si enrichissante qui apprend la lenteur tout en donnant l'esprit critique». Je dois hurler d'horreur quand je vois un Américain ou un McDonald's et je dois surtout claironner que même mal prise sur la route, après des heures de jeûne, je n'avalerai jamais un Whopper fromage.

Au discours sur l'authenticité qui appartient à ma classe sociale, s'est greffé celui de la bonne santé, du respect de soi et des autres et puis, désormais, celui de l'écologie qui a fini par m'avoir à l'usure. J'ai eu beau résister, j'ai maintenant abdiqué.

En écrivant sur Bay City, je suis devenue végétarienne. Tout le gras animal que j'ai bouffé durant mon adolescence m'est remonté dans la bouche et je ne peux plus voir une côtelette de porc à la télé ou sur un étalage de supermarché sans avoir la nausée. Cela ne m'a pas fait que des amis parmi les intellectuels. Il y a «authentique» et «authentique» et apparemment, je n'ai pas bien compris le système de signes qui s'ouvrait à moi en lisant Mallarmé ou Victor Hugo. Un colloque en France en compagnie de collègues m'a vite appris que mon végétarisme était ridicule, qu'entre le McDo et le tofu, il y a la France, l'Europe et sa civilisation, son vin, ses saucissons et ses andouilles. Au colloque, je me suis retrouvée à me demander ce que je pouvais manger, aussi perplexe que mes voisins de table, Américains de gauche, végétariens comme moi, qui n'ont guère envie de se taper une bonne bavette ou un foie de veau. Finalement, à travers mon parcours intellectuel qui va des hamburgers relish-moutarde de mon enfance aux fèves de soya «sans goût» de 2008, je resterai une pauvre Américaine...

Le K-Mart

De Bay City, je n'aime me rappeler que le K-Mart à l'enseigne tricolore. C'est dans les allées pleines de marchandises de toutes sortes qu'il me semble avoir ressenti une vraie joie, de l'espoir. Là, tout semblait possible. Les prix alléchants, les aubaines de dernière minute me permettaient de croire que le plaisir était juste devant moi. Le K-Mart constituait mon seul lieu de promenade. Où serions-nous allés flâner si le K-Mart n'avait pas existé? Nous faisions bien sûr des balades en voiture sur la *highway* pour nous changer les idées, mais quand nous voulions vraiment prendre l'air, nous changer les esprits et nous dégourdir les jambes, il n'y avait que le K-Mart.

En lui, il faisait bon se perdre. Pour nous y rendre, nous prenions la voiture que nous laissions dans le parking, en ayant pris soin de trouver une place pas trop loin des portes d'entrée. Nous allions chercher un immense chariot que je savais remplir d'objets plus efficaces que les antidépresseurs que ma mère avalait comme des bonbons. Je lançais pêle-mêle contre le métal grillagé des serviettes hygiéniques, du chocolat Nestlé à l'emballage rouge et blanc, des piles pour faire marcher quelque machine infernale, des nouveaux sous-vêtements, des assiettes en papier, des verres en plastique, des *napkins* à fleurs que ma tante affectionnait et dont elle guettait les fluctuations de prix comme un investisseur scrute le cours de la bourse. On empilait les boîtes de camembert sous vide, les sachets de jello multicolore, les puddings à la vanille et au caramel, les dentifrices pour avoir des dents toujours plus blanches, du shampooing qui sent la forêt, du déodorant féminin à la poudre pour bébés et du savon rose à mousse abondante pour le bain. On faisait des pyramides de papier de toilette et de Scott Towels bien emballés dont nous faisions une consommation effrénée. Le chariot devenait lourd, difficile à pousser. Nous étions ravis. Une vraie famille...

À notre retour, la maison serait propre, pleine de choses essentielles et en rangeant les produits dans les armoires, nous constaterions heureux que nous aurions oublié quelque chose. Il nous faudrait retourner dès le lendemain au K-Mart. Ce serait un vrai bonheur.

Le doux visage de la guerre

Loin là-bas, en Afghanistan, une jeune soldate canadienne est morte. Une jeune fille a été tuée et c'est toute
l'horreur de la guerre qui nous est apparue enfin. Ici, tout
près de chez nous, il est difficile de contempler le visage
de cette jeune femme sans être ému, sans avoir les larmes
aux yeux. Pourtant, depuis 2002, dans le cadre de la mission canadienne en Afghanistan, cent dix-sept militaires,
deux travailleuses humanitaires et un diplomate canadiens sont morts. Il aura fallu néanmoins le visage doux
de cette jeune femme des Méchins, Karine Blais, pour
nous sortir quelques secondes de notre anesthésie, de
notre indifférence face à la mort de ceux qui partent loin,
là-bas. C'est le visage de cette jeune fille qui nous offre la
violence terrible de ces lieux aux noms magnifiques d'où
certains ne reviendront pas. Il aura fallu ce visage féminin, presque celui d'une enfant, pour que nous prenions
la mesure de l'horreur et que, pour un temps très court
(nous avons tant à faire au Québec, au Canada...), notre
esprit saisisse un peu que l'on meurt à l'autre bout du
monde, au milieu de ces paysages merveilleux dont
rêvaient Nicolas Bouvier, Anne-Marie Schwarzenbach,
Ella Maillart et tant de voyageurs de l'éternel.

De la mort de cette jeune fille, on se servira. Beaucoup utiliseront cette tragédie pour argumenter contre l'engagement du Canada là-bas, si loin. L'intolérable aura désormais un visage sacrifié, beau, celui de la jeune femme des Méchins. Celui d'une jeune soldate, fraîchement débarquée là-bas, trop rapidement disparue. Sans que l'on ne comprenne jamais vraiment pourquoi.

Devant ce visage et cette mort, il nous faudrait peut-être garder un peu le silence. Penser au tragique qui habite ce monde et pour lequel certains, et désormais certaines, vont œuvrer et parfois mourir.

Le visage de cette jeune femme morte sera rapidement l'objet d'une convoitise idéologique. Comme il porte en lui quelque chose qui nous rappelle une douleur insurmontable, il nous faudra vite, vite le recouvrir d'idées, de réflexions sociales, partisanes et le peinturlurer aux couleurs de nos convictions politiques. En lui, nous ne devons pas voir le tragique de la vie, mais bien plutôt un moyen de nous engager dans une lutte juste, pacifique ou belliqueuse. Certains lui opposeront le visage interdit, enseveli sous sa burka, de la femme afghane, en nous affirmant qu'il faut choisir entre des visages sacrifiés. Peut-être. Je ne sais pas.

À la mort, nous sommes habitués. Les médias ne nous privent guère des visages des soldats décimés. À travers les journaux, nous assistons tous les jours à la violence lointaine. À travers ces photos de visages qui ne sont plus, nous savons que cela va mal ailleurs. De là-bas, une rumeur nous parvient, mais celle-ci reste faible, geignarde. Nous l'écoutons peu. Et de l'Afghanistan, nous ne voyons pas grand-chose. De façon indéniable, inexplicable, voire intolérable, le corps masculin dans notre monde ne nous parle pas de ce qu'il en est de l'absurde, de l'épouvantable de la mort. Parfois, c'est la jeunesse d'un soldat qui viendra atteindre notre regard et qui nous touchera. Dans le journal, la photographie en page 2 d'un sous-lieutenant mort, fauché au tout début de sa vie, nous permettra de sentir peut-être en nous quelque chose comme une peine furtive. Mais le corps masculin plus âgé, celui du soldat héroïque, mort en pleine carrière, nous semble moins propice au chagrin. On a l'habitude de voir le visage masculin mûr sans qu'il nous touche, sans que l'on perçoive une petite blessure, une piqûre, un petit détail qui nous interpellerait et nous rappellerait la douleur. Comme s'il n'y avait pas en cette image de l'homme un peu moins jeune un lieu, un «punctum» (comme le nommerait le critique Barthes) qui viendrait faire chavirer l'ordre du monde ou l'univers réglé du lecteur de grands quotidiens. Malgré l'égalité des sexes, malgré l'égalité des droits, le visage de la femme (ou encore celui de l'enfant) porte encore en lui, dans le regard qu'on y jette, quelque chose qui ne peut nous laisser indifférents.

Tout à coup, le visage de Karine Blais nous a regardés. La guerre aussi... Tout à coup, tout cela nous regarde et durant quelques secondes nous sommes fixés par ce qui ne nous lâche plus des yeux.

Or, ce regard qui se met à nous observer du fin fond de l'image, qui vient chercher quelque chose à l'intérieur de nous-même, nous ne pouvons que le fuir. De la mort des jeunes femmes, des soldates, nous faisons souvent, très vite nos choux gras idéologiques.

Il y a deux ans, jour pour jour, le 24 avril 2007, une soldate américaine, la Private First Class Jessica Dwan Lynch, prisonnière de guerre de l'armée irakienne en 2003, avouait devant le Congrès américain qu'elle ne s'était jamais battue férocement contre l'ennemi, comme la presse américaine l'avait alors amplement rapporté en faisant d'elle une héroïne. Lynch confessait alors qu'elle n'avait même pas eu le temps de se servir de son arme avant de perdre conscience lors d'un accident qui l'avait conduite directement à l'hôpital où elle s'était réveillée. Celle que l'on appelait la « Rambo of West Virginia », celle qui fut l'objet d'un film intitulé *Saving Jessica Lynch* qui passa à la télévision de NBC, celle qui reçut médailles et honneurs de guerre n'était en effet qu'un instrument de propagande américaine pour la guerre en Irak. La stratégie militaire médiatique était très simple : alors que le visage d'un soldat américain aurait toujours mauvaise presse dans le monde et n'émouvrait personne, puisqu'il ne pouvait que rappeler un certain impérialisme, le visage d'une jeune femme, de Jessica Lynch, changerait la face de la guerre.

Jessica, affirmait-on, avait été violée sauvagement par des Irakiens. Elle fut donc légitimement sauvée par les forces spéciales américaines qui prirent d'assaut un hôpital (où il n'y avait en réalité aucun soldat irakien). On prit soin de filmer une entrée digne de Sylvester Stallone avant de remettre la vidéo du sauvetage de la soldate à la presse. Le visage de Jessica Lynch qui passa alors dans tous les journaux et sur toutes les télés du monde devint le symbole de la résistance américaine face à la violence brutale irakienne, non civilisée. On oubliait ainsi les raisons floues de la guerre. Il ne s'agissait plus que de défendre « les victimes » : nos femmes. Beaucoup de jeunes filles noires ou moins blanches que Lynch furent faites prisonnières ou tuées en Irak à la même époque, mais c'est bien sûr le visage pâle d'une jeune, très, très jeune WASP de bonne famille aux mains des sanguinaires et pervers Irakiens qui aura le mieux servi la cause américaine. Lynch confiera plus tard qu'elle ne fut jamais violée par les soldats ennemis et qu'au contraire, les médecins irakiens lui sauvèrent la vie.

Le visage de Karine Blais ne servira pas si facilement une cause. Comme disent les gens autour de moi en se rassurant toujours : « Nous ne sommes pas aux États-Unis » (comme on dit : nous ne sommes pas au Moyen Âge). Oui, c'est vrai. Mais nous oublierons sûrement assez rapidement le visage de cette jeune fille des Méchins. Il disparaîtra vite de nos journaux, de nos télévisions en haute définition et de nos mémoires à faible rendement. Bientôt la violence de la guerre ne nous regardera plus du tout. L'autre visage de la planète ne nous importe guère.

J'ose affirmer que si certains musulmans demandent aux femmes de se couvrir le visage, ce n'est pas parce que le féminin est pornographique et en appelle à la concupiscence. C'est bien plutôt parce que le visage des femmes porte peut-être encore une trace d'humanité, la blessure des douceurs et des violences de ce monde. Le visage des femmes est peut-être la face cachée de ce qui nous reste de civilisation et de notre capacité à nous émouvoir. Ce visage oublié du monde, nous parviendrons bien à le détruire, sans même y prêter attention.

Puisse le visage de Karine Blais continuer à nous regarder.

Fera-t-il beau demain ?

En 1967, Farah Diba, la femme du Shah d'Iran, donnait une entrevue à un journal allemand où elle racontait que le climat en Iran était très chaud et que, comme la plupart des Iraniens, elle passait du temps sur la Riviera de la mer Caspienne avec sa famille. Dans une lettre ouverte à Farah Diba, Ulrike Meinhof, alors journaliste et éditorialiste à la revue *Konkret*, apportait quelques précisions à cette déclaration en tentant d'instruire l'impératrice Farah sur son propre pays et sur le pourcentage réel des gens capables de passer du temps sur la Riviera iranienne. Ulrike Meinhof suggérait à l'impératrice la lecture d'un livre de Bahman Nirumand, *Persia, Model of a Developing Country or Dictatorship of the Free World*... Femme engagée, membre de la Fraction armée rouge qui perpétra plusieurs attentats en Allemagne et qui fut connue sous le nom de la bande à Baader-Meinhof, Ulrike Meinhof fut retrouvée morte dans sa cellule de la prison de Stuttgart le 9 mai 1976. On conclut à l'époque, comme pour les autres membres du groupe, au suicide collectif, alors que tout conduisait à l'assassinat par l'État allemand.

Ulrike Meinhof, contrairement à Farah Diba, ne souffrait ni de la chaleur ni du froid. Elle écrivait ces mots superbes, qui pour moi ont signifié longtemps le commencement de l'engagement et de la possibilité de penser : « *Everybody talks about the weather, we don't.* »

C'est le titre de cet article de Meinhof que Karin Bauer, professeure à McGill, a donné à un recueil d'écrits divers de Meinhof de 1960 à 1968 qui vient de paraître en anglais, avec une préface de l'écrivaine Elfriede Jelinek. C'est l'indignation, la colère, la force politique et intellectuelle qu'il faut entendre dans ce superbe livre qui ne se préoccupe pas du beau et mauvais temps, mais qui résiste au climat politique du monde après la Deuxième Guerre mondiale et au « miracle allemand ».

Je me souviens encore de l'annonce de la mort d'Ulrike Meinhof à la radio. J'ai quinze ans en 1976 et cherche violemment des femmes à admirer. Il y a pour moi autour de Meinhof une véritable aura. Je vénère Rosa Luxembourg, Sophie Scholl, résistante, exécutée à vingt et un ans sous le régime nazi. J'aime aussi Angela Davis, philosophe, qui a été une des femmes les plus recherchées par le FBI et qui milite encore contre la peine de mort dans le monde, après avoir dénoncé haut et fort la guerre en Irak. À l'époque, j'admire tout particulièrement Patty Hearst qui a su renier sa famille et devenir une dure. Quand en 1981, je vois le film *Les années de plomb* de Margarethe von Trotta qui relate la vie d'une jeune terroriste allemande dont l'histoire ressemble à celle d'Ulrike Meinhof, je suis totalement exaltée. J'ai alors vingt ans et le monde prend sens. Il me semble que je dois m'inscrire dans une lignée de femmes et que ce sont elles, les prisonnières politiques, les terroristes, les guerrières qui sont les seules à oser me montrer la voie.

En septembre 1979, quand j'entre à l'université, je suis totalement déçue. Il me semble qu'on n'apprend rien en littérature, dans les murs de la prison du savoir, et surtout pas à réfléchir. Je trouve parfois un peu d'oxygène dans les cours de philosophie, mais vraiment peu de femmes y enseignent. Il faut avouer qu'elles ne sont guère nombreuses les femmes à l'université en 1979. En philosophie, à l'Université de Montréal, elles sont peut-être deux, et à l'UQAM, ce n'est guère mieux. Presque trente ans après, en 2008, aujourd'hui même, je recense sur le site du Département de philosophie de l'UQAM treize professeurs et quatre professeures. Sur le site du Département de philosophie de l'Université de Montréal, je compte péniblement dix-sept ou dix-huit hommes pour quatre femmes. Je vais finir par croire vrai ce que disait un prof de philo dont je suivais de loin des cours en 1980 : « Que voulez-vous, les femmes ne sont pas spéculatives ! » À cela, il faudrait peut-être ajouter qu'elles ne sont peut-être pas littéraires, parce que dans le département où j'enseigne à une grande majorité de filles, le corps professoral (quelle expression !) se résume à dix femmes et au moins seize hommes... Les choses changeront doucement. Mais pour le moment, on ne peut rien faire : les universités, on le sait, n'engagent que les meilleurs... Très bien. Je veux faire semblant de croire à cela et être patiente.

Alors j'ai sursauté hier en entendant à Radio-Canada un reportage où l'on se posait très sérieusement la question d'un quota pour les admissions des femmes en médecine. Il y aurait trop de femmes médecins... « Un jour, les pauvres garçons ne voudront plus faire médecine, devenue une profession de filles... On pourrait se retrouver devant une pénurie de chirurgiens, parce que les femmes préfèrent des spécialités qui permettent de mieux planifier leurs horaires, comme ce sont encore elles qui ont la charge du foyer... Et puis, les filles tombent enceintes, ce qui est très compliqué pour la profession. Les garçons subissent une discrimination parce qu'ils n'ont pas de bonnes notes au cégep et qu'on admet encore les meilleurs à l'université, mais ils seraient de tout aussi bons médecins, toujours fidèles au poste... Il faudrait changer cet état de choses, et admettre des garçons même s'ils n'ont pas d'aussi bons résultats que les filles. »

À la radio hier, beaucoup de femmes qui se prétendaient féministes prenaient la défense des garçons en disant que « nous » sommes allées trop loin. Oui, les filles, vous êtes allées trop loin en ayant des meilleures notes que les garçons. Il ne fallait pas aller si loin, il fallait avoir de bonnes notes, mais pas d'excellentes. Un peu de modestie, que diable... Ce que vous pouvez être sottes, les filles, à être les meilleures... Et l'université a grandement tort de juger encore les dossiers sur les résultats scolaires...

J'ai passé mon dimanche en colère. Au lieu de prendre les garçons de dix-sept et dix-huit ans pour les victimes de leur immaturité, ne pourrait-on pas travailler à leur enseigner à se remuer un peu les méninges et à réussir leurs études, comme les filles ?... Ne pourrait-on pas changer davantage les mentalités afin que les femmes ne soient pas encore les seules responsables de leur famille? Ou encore transformer la répartition du travail pour que les filles aient envie de devenir chirurgiennes sans se sentir coupables d'abandonner leurs enfants? N'y a-t-il pas des choses à défaire avant que les institutions se sentent mal à l'aise d'avoir trop de filles dans leurs rangs? Hier, on nous faisait sentir que l'avenir des garçons était en péril parce que les universités québécoises comptent 70 % de filles, ce qui est peut-être trop...

Oui, c'est bien dommage que les garçons n'aillent pas autant à l'université et il y a sûrement un travail à faire dès la petite école, mais de là à pénaliser les filles pour leurs bons résultats, il me semble que ce serait une vraie injustice. Les femmes ont l'habitude de cela... Une injustice de plus ou de moins... Avec un de mes collègues, nous avons décidé d'aller avec des étudiantes voir le monument commémoratif pour les filles assassinées en 1989 à Polytechnique... Il y a là pour toute étudiante qui entre à l'université matière à penser. Mais faudrait-il leur dire à ces jeunes femmes : « Ne soyez pas trop bonnes les filles, il ne faut pas réveiller les Marc Lépine de ce monde... » ?

J'aimerais connaître le taux des diplômés des études supérieures. Et je souhaiterais que l'on nous donne le nombre de femmes et d'hommes doctorants. Il y aurait là peut-être sujet à réflexion. Toutes ces filles à l'université font-elles des études supérieures? Et ces garçons qui sont moins forts, ne finissent-ils pas patrons des filles qui ont eu de bons résultats toute leur vie? Il y a des choses comme cela que je voudrais savoir. Parce que les études et le savoir, c'est tout ce que je voulais dans la vie. Et j'avais des bonnes notes. De cela, je ne me sens pas coupable.

Ce que je regrette, c'est de ne pas avoir cru complètement, comme Meinhof et tant de filles que j'admire, que le monde était pourri et qu'il fallait lui mener une lutte sans merci.

J'ai dû beaucoup parler dans ma vie du climat. Et comme tant de Québécoises et de Québécois j'ai pensé davantage à la prochaine tempête de neige qu'à l'avenir.

La prochaine fois que je me plaindrai du temps qu'il fait, je penserai à Ulrike Meinhof...

Quand j'avais les yeux bleus de Paul Newman

J'ai douze ou treize ans, je ne sais pas, et tout à coup, le monde s'écroule autour de moi. Les murs de la maison de tôle un été sont en carton-pâte. Ils tombent et ne me protègent plus. La vie n'a aucun sens.

Dans la nuit chaude de l'été, ce n'est pas la mort qui m'apparaît ce jour-là. Depuis mon enfance, je la connais, la côtoie cette salope-là avec l'indifférence et la superbe dont les enfants sont capables. Elle ne perd rien pour attendre la mort. Je lui foutrai sa raclée au moment venu. Non, ce qui m'arrive, c'est un sentiment très fort, inépuisable : celui de l'absurde et de l'inanité du monde.

En 1973 ou 1974, l'adolescence me frappe de plein fouet. Elle me met K.O. Je suis hébétée. Je ne m'en remettrai pas. Malgré tout, je suis restée cette fille encore sous le choc de sa découverte, du mensonge qu'est la vie. Mais j'ai appris à ne pas chercher des dénouements spectaculaires à ma douleur. Ce fut un long apprentissage.

J'aurais pu mal tourner, faire vraiment dans le mal, dans l'horreur. Encore récemment, j'ai vu avec terreur le film *Elephant* de Gus Van Sant qui montre une journée dans une école avant la fusillade perpétrée par des jeunes.

Je me suis reconnue dans cette vie-là. Et surtout dans la violence qui couve, lovée dans des morceaux de piano apaisants de Beethoven. Je vivais des scènes d'horreur alors que mon oncle tondait gentiment son gazon et que ma tante préparait une tarte aux pommes dont nous allions nous régaler, gourmands, faussement inoffensifs.

Dans mon esprit, il y a eu tant de suicides hypocrites, magnifiques, théâtraux, semblables à ceux que mon père ne cessait de répéter pour récupérer ma mère. Dans mes rêves éveillés, il y a eu plus de meurtres et de terreurs que l'histoire du cinéma n'en a recensés jusqu'ici. J'ai été à deux doigts de faire dans la violence et j'ai encore du mal à voir ce qui m'a retenu.

Je me dis souvent que je n'étais qu'une fille et que malgré tout cela m'a protégé de quelque chose. À moi, on promettait l'anorexie ou encore la dernière place au concours de *Beauty Queen* du Midwest qui aurait pu me mener loin et peut-être même à la domestication de ma colère. À moi, on réservait la vice-présidence des États-Unis ou quelque chose du genre. Pour moi, au mieux, on souhaitait une disparition lente ou un suicide gentil, un suicide sans histoire où je me serais pendue dans les toilettes de mon école sans faire de mal à personne. Mais la violence, celle des garçons désœuvrés, des adolescents pleins de haine, la violence des mâles, je n'y ai pas eu droit, même si tout en moi la connaissait.

Je regardais la télé et dans les films qui passaient dans la *tv room* verte, je me reconnaissais pourtant. Pas dans les filles, pas dans Natalie Wood ni même Marilyn Monroe. Moi, j'étais Marlon Brando dans *The Wild One* qui avec sa gang de gars en moto terrorise une petite ville. J'étais James Dean dans *Rebel Without a Cause,* mais surtout j'étais Paul Newman dans *Cool Hand Luke,* celui qui finit mal, celui qui cherche à en découdre avec l'autorité et la vie et qui veut prouver qu'elles ne sont capables que du pire, ces deux-là : abattre à bout portant nos rêves les plus chers.

J'ai eu quelques années les yeux bleus de Newman.

Comme le personnage de Luke Jackson que Newman joue, j'ai décapité quelques parcomètres un soir de beuverie et de désœuvrement. Comme Luke, je me suis retrouvée dans une prison de Floride, j'ai tenté de m'échapper plusieurs fois et me suis fait humilier, battre devant tous mes camarades de prison en creusant un trou sans fin jusqu'à ce que je demande grâce et que j'aie bien honte. Pour mes copains de fortune, j'ai raconté des mensonges, monté des canulars. J'ai essayé de les distraire par des histoires rocambolesques auxquelles je ne croyais pas, mais qui les faisaient vivre. Je cherchais l'autorité et la mort. Je voulais qu'on m'abatte comme un chien lors d'une autre de mes fuites et j'ai imité le capitaine du camp, avant qu'il ne me foute une balle dans le cou en lui lançant fièrement ses mots préférés : « *What we've got here is a failure to communicate.* » Je ne voulais rien respecter, jamais abdiquer. Comme Luke, je suis morte au bout de mon sang et mes compagnons qui ont cru en moi ont continué à entretenir ma légende. En prison.

J'ai eu les yeux bleus de la vérité, de la rébellion, que rien n'arrête et surtout pas la mort. Entre le monde et moi, il y avait une vraie impossibilité de communiquer et j'étais prête à crever pour me payer la tête de quelqu'un et pour dénoncer à ma manière le monde.

Luke Jackson n'est pas un adolescent, mais en lui surgit ce sentiment d'absurde et de révolte qui ne lui laisse aucune place sur terre. Il est celui que j'aurais pu être, si j'avais continué à écouter perversement Beethoven en rêvant de sang ou de meurtres.

Je ne sais pas ce qu'est devenu ce Paul Newman en moi. Je n'ai plus les yeux bleus. Ils sont redevenus bruns, très petits. Paul Newman a vendu de la sauce à spaghettis, ce dont tout le monde s'est bien moqué, mais sait-on que les bénéfices de cette sauce à l'étiquette kitsch sont versés à des organismes de charité pour les enfants malades? Sait-on que Newman a milité politiquement, créé une fondation en souvenir de son fils Scott, mort d'overdose? Sait-on qu'il a pris position pour la défense des droits des homosexuels et qu'il a déclaré: « Je soutiens les droits des gays. Et je les soutiens ouvertement. Quand j'ai fini de faire le tour de tout ce que j'admire vraiment chez une personne, ce qu'elle peut faire avec ses parties intimes arrive tellement bas dans la liste que ça devient insignifiant. »

Je n'ai plus les yeux bleus de Paul Newman. Je ne suis pas morte jeune comme son personnage somptueux. J'ai grandi, beaucoup vieilli et le monde me paraît tout aussi absurde. Mais en devenant ce que j'ai toujours détesté, une vieille conne, j'espère avoir gardé en moi quelque chose du « bleu Newman », une volonté de ne pas accepter la vie telle qu'elle est et de voir les choses autrement.

De Newman, je conserverai le bleu. Et puis aussi le reste.

Dallas-en-Québec

Je viens d'apprendre, en lisant le journal, que le 29 novembre 1963, un avion s'est écrasé lors de son décollage à Montréal. Cent dix-huit personnes périrent dans cet accident et la carcasse de l'appareil aurait brûlé quelques heures sur la terre glacée de Sainte-Thérèse-de-Blainville. La nouvelle n'est pas fraîche, elle date de plus de quarante-cinq ans et pourtant quelque chose en elle me trouble violemment.

Le 29 novembre 1963, je ne suis pas bien vieille. J'aurai trois ans en janvier et je ne m'intéresse guère à ce qui se passe dans le ciel montréalais. Mon monde est petit. Mon frère vient de naître le 26 septembre et j'ai de quoi m'occuper. Mes parents aussi... Pourtant, malgré mon âge et mes préoccupations de toute petite fille, je me rappelle très bien le moment où ma mère apprend la mort de John F. Kennedy, assassiné le 22 novembre 1963, soit une semaine avant la tragédie aérienne de Montréal. Je me souviens de l'air déconfit de ma mère, de l'appel téléphonique à mon père et puis aussi des heures passées à regarder au téléjournal des reportages sur John. F. Kennedy. Je me souviens de la limousine décapotable dans les rues de Dallas, du tailleur rose de Jackie. Je me souviens de

John-John, le fils du président qui le jour de ses trois ans, le 25 novembre 1963, fait le salut militaire pour saluer le cercueil de son père mort que l'on enterre en grande pompe. De tout cela, je me souviens. J'ai à peine trois ans, mais j'ai l'impression que nous vivons la fin du monde.

J'ai été élevée dans le culte des Kennedy, dans les histoires de Jackie, et mon enfance commence à s'écrire le 22 novembre 1963, alors que Kennedy entre à Dallas pour ne jamais en sortir vivant. Plus tard, ma mère comparera mon évolution avec celle de John-John. Nous avions le même âge et cela suffisait à ma mère pour se permettre de voir des parallèles entre nous, parallèles qui ne pouvaient être à mon avantage. Quand John Jr périt dans un accident d'avion (justement) le 16 juillet 1999, j'ai pensé que ma vie prendrait un autre tour, que je n'aurais plus à être comparée au fils du plus grand président des États-Unis et que je pourrais enfin mener mon existence en solitaire, sans ce double grandiose et encombrant. Pourtant, lorsqu'il a été question récemment pour Caroline Kennedy de remplacer Hillary au poste de sénatrice de l'État de New York, je me suis retrouvée à défendre la candidature de Caroline devant des amis médusés, comme si je ne pouvais être traître à ma famille imaginaire, à ceux qui depuis le 22 novembre 1963 partagent, sans le vouloir, ma vie.

Alors qu'y a-t-il de troublant à ne rien savoir de l'accident d'avion de Montréal? Je pourrais me dire que nous étions tous dans ma famille, le 29 novembre 1963, en train de pleurer Kennedy et que mon petit frère hurlait la nuit ou réclamait son biberon. Oui, Kennedy a dû voler la vedette à ces cent dix-huit personnes mortes à côté de chez nous, dans un champ. C'est bien normal. Le fait divers doit s'incliner devant l'Histoire. Le fils d'une des victimes de la catastrophe aérienne s'insurge quarante-cinq ans plus tard contre l'oubli qui a tout de suite suivi l'accident. Les temps étaient là pour Kennedy et pas pour le père de celui qui était un jeune adolescent à l'époque. Kennedy aurait empêché un deuil personnel ou collectif, montréalais ou national. La mort de ce père a été avalée par l'Histoire et ce fils devenu sexagénaire veut faire quelque chose, poser un acte commémoratif afin que l'on puisse pleurer maintenant ce qui a été si vite effacé. Kennedy lui a, en quelque sorte, confisqué la mort de son père.

L'accident d'avion dont je viens de prendre connaissance n'a pas eu d'incidence sur ma vie, comme cela a été le cas pour la mort de Kennedy. Jusqu'à hier, cet événement n'avait jamais existé pour moi. Néanmoins, je m'étonne qu'à la maison, on ne l'ait jamais mentionné. Dans les années qui suivirent cet étrange et douloureux événement, on n'en parla jamais. Je suis surprise que tant de fois nous soyons allés à Sainte-Thérèse-de-Blainville en voiture sans que mes parents ne mentionnent quoi que ce soit. Ma mère est une passionnée des faits divers et des catastrophes et elle consigne dans ma boîte vocale la moindre aile brisée d'un petit avion à Djakarta ou encore le nombre de morts dans un ouragan au Sri Lanka.

J'ai vécu avec les morts, les accidents et les désastres de cette planète. Alors pourquoi n'y a-t-il jamais eu un mot prononcé sur ces morts à côté de chez nous ?

1963... L'année suivante en 1964, nous prenons l'avion pour le Portugal et la France. Nous faisons une escale aux Açores et je me rappelle bien que ma mère tremble de peur sur son siège en tenant dans ses bras mon petit frère qui gigote et a très mal aux oreilles. En 1965, mon père qui voyage sans cesse est accueilli comme un revenant à son retour quand il passe le pas de la porte. Ma mère a une peur énorme des voyages en avion et quand je reviens d'un pays étranger, elle est toujours étonnée que je sois encore de ce monde.

L'événement du 29 novembre 1963 n'a pas inscrit de marque claire dans nos vies, pourtant il a peut-être laissé quelques traces dans certaines des peurs et angoisses familiales. Le silence ne garantit pas l'oubli complet. Beaucoup d'événements qui sont effacés de nos mémoires volontairement ou involontairement traversent rudement nos existences et travaillent nos imaginaires. Je me méfie de ce que l'on croit être vraiment marquant. Et les petites choses sans importance, les malentendus qu'on oublie, les faits divers que nous croisons sans y prêter attention ont souvent plus d'impact pour la suite des choses que les événements historiques. On ne devrait pas mépriser le petit, le détail, la douleur vive pour une chose imbécile ou encore l'incident que l'on trouve malgré tout anodin parce qu'il ne nous concerne pas.

En fait, je pense que je suis bien plus proche de cet homme qui réclame de faire le deuil de son père mort le 29 novembre 1963 à Sainte-Thèrèse-de-Blainville que je ne le suis de John Jr Kennedy, même si c'est lui que l'on m'a donné pour mon semblable, mon frère. Ma mère a toujours été plus inquiète de me voir prendre l'avion que de constater que je me baladais en voiture décapotable au Texas.

Le récit de l'Histoire est beau, grand et très glamour, même quand il comporte des horreurs, mais il n'a pas toujours rendez-vous avec la vérité de ceux qui vivent la vie au jour le jour, entre les pleurs d'un marmot à Ville d'Anjou et un champ glacé sur lequel la mort en acier s'étale. C'est dans ce qui n'est pas dit ou vécu de façon pompeuse que nous avons peut-être beaucoup à apprendre. Dans les interstices de l'Histoire se cachent parfois des pans de vérité.

Le 29 novembre 1963 est en fait une date que désormais je n'oublierai plus.

Comme une lettre à la poste

Dans l'hôtel où je séjournais récemment, la réceptionniste a remis à l'une des clientes une carte de Noël que
quelqu'un lui avait envoyée d'un lointain ailleurs. À une
autre époque, il m'arrivait de voir dans les hôtels où
j'allais quelque client recevoir une lettre ou encore aller
au village pour chercher ce qui lui avait été envoyé en
poste restante. J'ai des souvenirs de quelques vieux films
où la venue impromptue d'une missive venait perturber
le cours d'une existence et démarrer l'histoire. Je me rappelle l'acteur Dirk Bogarde qui, dans le film de Visconti
Mort à Venise, passe ses vacances au Lido ou encore
Bogarde, toujours lui, dans *Portier de nuit* de Liliana
Cavani. Il me semble que Bogarde en client d'un palace
vénitien ou en portier de nuit d'un grand hôtel chic en
Allemagne ou en Autriche tient à la main une lettre qu'il
vient de recevoir ou qu'il remet selon les besoins de son
rôle. Je me trompe sûrement. Je n'ai pas bonne mémoire
et je voue une passion à Bogarde qui m'a fait lui écrire une
lettre, il y a de nombreuses années, quand j'étais jeune et
qu'il était encore vivant. Mais malgré l'inauthenticité
possible de ces scènes de film, de telles situations étaient
réellement probables, anodines. À l'heure actuelle, il

serait bien étonnant de voir dans un film une distribution de courrier par le réceptionniste de l'hôtel, et le spectateur, si une telle chose existait, serait aussi étonné que je l'ai été, lorsque j'ai vu à l'hôtel la dame ouvrir la carte de Noël que lui tendait gentiment l'employée. J'ai cru qu'il s'agissait d'une lettre de menace ou d'une invitation à acheter quelque chose. Ce n'est qu'en constatant la mine réjouie de la destinataire qui s'excusait de la situation en balbutiant que des amis avaient eu la gentillesse de lui souhaiter de joyeuses fêtes que je me suis vue enfin rassurée.

De nos jours, le courrier a pratiquement disparu. En voyage ou à la maison, on en reçoit peu. Un vieil ami de la famille, un peu cinglé et très gâteux, m'envoie encore une ou deux fois par mois des cartes avec des images de chats qu'il collectionne et affectionne. J'ai parfois, durant des années fastes, une ou deux cartes de Noël, souvent de mon coiffeur ou de mon amie poète. Mais la plupart du temps, le facteur manque de se faire bouffer les doigts par mon chien (bien que j'aie installé une autre boîte aux lettres extérieure, très sécuritaire, et que j'aie mis deux avis vert fluo qui incitent à prendre garde à la bête...) pour quelques factures et papiers administratifs qui vont de toute façon disparaître, puisque je reçois de plus en plus mes comptes sur Internet. Je ne regrette pas le temps du courrier. Je constate simplement qu'il a disparu et qu'avec le courriel, le virtuel, il est plus difficile d'embrasser longuement la lettre qu'une bien-aimée a tenue entre ses mains et a parfumée lourdement ou de suivre les lignes d'une calligraphie dans l'espoir d'y voir un signe. Parfois, quand je tombe sur de vieilles lettres, je suis surprise de pouvoir reconnaître le geste de celui ou celle qui m'écrivait jadis et qui a formé ces mots. Il y a dans la lettre et la calligraphie quelque chose du « ça a été » que Roland Barthes décrit comme étant l'essence même de la photographie. La lettre était et est encore une preuve d'existence, elle renvoie à un présent lointain, évanoui. À travers le temps, elle témoigne encore d'un moment particulier, contingent, et serait donc par essence mélancolique, puisqu'elle est un corps à la fois présent dans des traces et pourtant absent. La tache de café ou la larme versée en écrivant qui transforme la consistance des lettres d'un mot est encore visible longtemps après avoir été.

La lettre, en ce sens, était toujours un peu douloureuse et le délai entre son envoi et sa réception ne pouvait échapper à la mise en scène d'un moment dramatique. Une catastrophe avait toujours le temps d'avoir eu lieu et même la lettre rassurante portait son lot d'inquiétudes : après son envoi beaucoup de malheurs pouvaient avoir changé le cours des choses. C'est surtout le raccourcissement du temps dans les communications qui semble être la marque de notre époque. Les courriels de plus en plus courts demandent une réponse immédiate et l'insupportable petit signe « ! » devant les messages devrait convaincre de faire encore plus vite. Les *chats* permettent des échanges écrits en direct qui remplacent l'épistolaire traditionnel. Le téléphone, malgré sa potentielle désuétude, est devenu le modèle de ce qui reste de la lettre et la fonction phatique du langage, celle qui assure le contact, est devenue prépondérante :

— Je suis là, et toi ?

— Oui, je suis là. Bien que je *chatte* avec quatre autres personnes et que parfois j'oublie de te répondre ou que je me trompe de destinataire 😃.

Le dispositif de l'échange a perdu son caractère singulier et personnel. Sur Facebook, on trouve un système de lettres ouvertes où ce que j'écris peut et doit dans certains cas rejoindre «ma» communauté, «mes» amis que je connais en fait pour la plupart assez peu ou pas du tout, ce qui pourrait garantir de longues relations.

Quand j'étais jeune adolescente, j'avais une passion pour la correspondance que l'état actuel du monde des communications aurait rendu plus facile. J'étais inscrite à une agence de correspondants, de *penpals* (c'est comme cela que j'ai d'ailleurs appris le mot anglais) qui avait son siège social en Finlande, ce qui était déjà prometteur, parce que ce n'était pas loin du pays de Fifi Brindacier. Pour une somme assez modique, je choisissais des «amis» dans le monde et l'agence (dont j'oublie le nom) nous *matchait*. J'ai eu ainsi une cinquantaine de correspondants et chaque soir, quand je rentrais de l'école, je me précipitais sur le courrier pour savoir si j'avais reçu une lettre du bout du monde. J'adorais les épistoliers les plus fidèles, ceux qui constituaient ce que j'appelais «ma garde rapprochée» et qui seraient maintenant parmi mes meilleurs amis Facebook. Il y avait dans ce groupe sélect :

Sally Woods de Perth en Australie, Cinderella Chan de Hong Kong, Jean-Marc Durand d'Haïti et surtout Carmen Pacuraru de Bucarest qui apprenait le français et avec laquelle j'échangeais au moins une fois par semaine, sans attendre sa réponse. Elle faisait de même. Carmen était élevée sous le régime communiste, ses parents étaient tous deux profs d'histoire (je me demande ce qu'on enseignait comme désinformation en Roumanie à cette époque) et elle voulait désespérément des jeans Levi's et des produits du capitalisme que je lui envoyais dès que je trouvais des choses dans mes moyens. Je garde de Carmen un souvenir extraordinaire et me demande souvent ce qu'elle est devenue. J'espère que notre correspondance l'a aidée à tenir le coup sous Ceaucescu, même si, bien sûr, il n'a jamais été question de politique dans nos échanges. Les lettres de Carmen m'ont donné accès à un monde qui m'était inconnu et quand j'ai vu Ceaucescu mourir, j'ai pensé à combien il avait été présent dans mes échanges avec Carmen, dans le silence et la censure. Je n'ai pas osé regarder sur Facebook si Carmen y était. Je crois me rappeler qu'elle s'était mariée et avait changé de nom. Je ne sais pas s'il serait possible de la retrouver et je me demande si cela serait simplement souhaitable. Je ne corresponds presque plus ; je donne dans la lettre ouverte, le blogue, le collectif, le mur de Facebook.

Il faut peut-être avoir connu la lettre pour en écrire encore, sous d'autres formes. Il faut sûrement aimer l'épistolaire à l'heure actuelle pour participer comme tant de gens le font à cette prolifération de messages de par le monde. La lettre n'a pas disparu. Loin de là. Elle s'est simplement transformée. Et dans mes rêves les plus fous, dans les films que je me fais, c'est Dirk Bogarde qui gère la grande centrale des courriels planétaires, c'est lui le cerveau de Facebook et c'est à lui que je destine cette longue lettre sur la lettre. Il la recevra immédiatement, sous son parasol au Lido, sur son Mac ou son PC, en regardant infiniment la mer et le beau garçon qu'est toujours son Tadzio.

Sans moi

Demain, je pars en voyage, et comme à chaque fois que je quitte ma routine, je regarde la vanité de ce qui m'entoure, de mes habitudes, de ce qui fait mon quotidien et qui a en fait si peu de poids. Le voyage me délivre de quelque chose comme moi. Les tâches ménagères, les devoirs, les obligations, les appels, les courriels, les promenades du chien, les courses, les demandes du chat, les horaires respectés, tout ce qui me construit, tout ce qui me donne une identité disparaît tout à coup. Je retrouve ma condition humaine : je redeviens inessentielle. J'abandonne le « je suis un homme occupé » ridicule, dont je me moquais tant quand j'étais enfant et que je lisais *Le Petit Prince*. Je quitte la quatrième planète où je me prends pour une businesswoman et je me mets à contempler ma rose et à nourrir la négligée.

Que je prenne l'avion ou le train, le voyage me fait décoller de moi-même, m'ôte ma gravité. Il me rend légère. Mais cette légèreté n'est jamais tout à fait joyeuse. Dans un premier temps, je ne peux m'empêcher de porter un regard plein de compassion sur cette personne que je m'affaire à être toute l'année, je contemple avec tristesse celle qui croit pleinement à toutes les tracasseries qui conduisent sa vie et qui pense fermement à la nécessité de lutter, de se battre pour des choses parfaitement vaines. Le voyage fait s'écrouler mon monde, mes raisons de vivre. Il y a là pour moi quelque chose de la Maison Dieu, carte du tarot et sur laquelle est dessiné quelqu'un qui tombe ou s'élance d'une tour en flammes. Cette carte représente la destruction violente de l'ego, des masques et demande à celui ou celle qui consulte son avenir de se préparer au nouveau.

Ma mère ne voyage pas ou plus. À quatre-vingt-cinq ans, ma mère, depuis des décennies, vit dans la croyance que rien ne lui arrivera si elle reste chez elle, tranquille, à repousser le hasard, à le limiter, le circonscrire dans un réseau serré d'habitudes étranges. J'ai beau lui faire lire que beaucoup d'accidents arrivent chez soi et que rien ne peut vraiment abolir le hasard, pas même un coup de dés, ma mère ne croit qu'en sa propre force et sa capacité de contrôler l'aléatoire. Après avoir quitté la France à trente-deux ans, ma mère a abandonné toute idée de partir. La vie qu'elle mène en Amérique depuis 1957 est devenue un abri contre l'accidentel, la guerre, son passé où la mort était si présente. Partir quelques jours ailleurs la ferait voyager dans le temps. Elle ne sait pas si elle ne se retrouverait pas en 1943 ou 1944, et cela lui est particulièrement impossible.

Juste avant de partir, tout à coup, j'ai honte de m'être attachée à des bêtises, d'avoir pleuré sur le travail à exécuter, d'avoir cru à certaines petites ironies du sort, de m'être adonnée à la méchanceté. Pour survivre... Il me semble que les préparatifs de voyage sont comme une excellente préparation à la mort. Qu'il y a là la nécessité de comprendre que nos vies sont essentiellement simples et que nous les meublons pour mieux nous faire croire à la pérennité du transitoire. Entre le voyage et la mort, il y a une similitude frappante. Toutes les assurances que nous pouvons prendre pour être couverts en cas de pépin montrent assez que le voyage nous rappelle l'accidentel que nous avons tenté d'occulter sous une montagne de choses à faire. Demain est déjà hypothéqué, prévu. Le voyage nous déséquilibre, provoque une petite catastrophe du moi et rend hommage à l'avenir. En cela, il est toujours important.

Au moment de sa mort, un de mes amis délirait et disait tout haut qu'il faisait ses valises. Il se plaignait qu'il y avait encore tant de sacs à remplir, de choses à plier, de paquets à porter jusqu'au moment où il comprit qu'il partirait sans bagage. Cela le soulagea. La planification du voyage tiendrait encore de cette volonté de ne pas partir, de se cramponner à la routine, aux choses à faire. Il n'est pas facile de faire un voyage, de quitter ce qui nous fait, ce qui nous constitue. Et pourtant, il me semble qu'il est nécessaire de faire cet exercice de séparation de soi-même et surtout d'éviter tout voyage organisé.

C'est quand je suis loin que je trouve l'exaltation de ne plus être moi. Il m'arrive de ne pas me reconnaître en voyage, de me surprendre, de me plaire. Si à la porte de ma maison, j'ai envie de laisser échapper quelques larmes en me penchant sur la vanité de ce qui m'a tenue en vie, dans la voiture ou dans le taxi, je me retrouve telle qu'en moi-même je n'ai jamais été et je suis hilare de tout sacrifier pour une liberté provisoire d'une nuit ou d'un mois. Lorsque j'étais enfant et que nous partions à Bay City ou à Chicago, j'embrassais toutes mes poupées, je les cajolais et leur demandais de faire la fête pendant mon absence. J'imaginais que mes toutous et mes «filles» se payaient du bon temps quand j'étais loin, que je les délivrais de moi. Cela me faisait de la peine de comprendre que ma présence pouvait être en fait une prison pour les «miens» et que je les astreignais à un horaire et des activités qui ne leur plaisaient peut-être pas... Durant mon voyage, je pensais à combien c'était amusant chez moi, dans ma chambre, alors que je n'y étais pas.

Je vais donc aller faire un tour ailleurs, pour voir que je n'y suis pas. On est si bien sans moi... Je sens que je ne vais pas m'ennuyer...

Un divan à soi

Il m'arrive souvent de faire de très mauvais rêves. Je ne
sais pourquoi mais de temps en temps s'abat sur moi,
comme une volée d'oiseaux de malheur, une série de
cauchemars terrifiants, que je ne peux raconter à personne et qui restent là à me hanter. Il fut un temps,
lorsque je faisais une psychanalyse (comme le veut l'expression, bien que le verbe « faire » soit en fait peu appro-
prié pour rendre compte de ce qu'est une analyse), j'allais
déposer mes rêves les plus délirants et tortueux sur le
divan de mon analyste et souvent (pas toujours bien sûr,
mais tout de même souvent) je sortais du cabinet jaune
un peu plus légère, un peu moins violentée par la vie...

Il y a bien longtemps que j'ai quitté le divan de la
psychanalyse et il y a donc beaucoup d'années que je
n'ai plus de lieux où laisser en consigne, pour quelques
jours ou pour la vie, mes rêves les plus lourds, mes plus
mauvaises pensées. Je dois faire seule avec le poids des
nuits et tenter chaque matin, quand les cauchemars se
font très présents, de retisser avec la vie diurne un rapport
amical, doux. Cela me prend souvent toute ma force pour
ne pas être happée par ce qui reste de la nuit en moi et
qui continue à s'agiter dans mon esprit alors que j'avale

le petit-déjeuner ou que je prépare ma fille pour l'école. À certaines époques de mon existence, il n'y a rien à faire, les rêves horribles viennent à la faveur de l'obscurité et continuent souvent à parcourir sournoisement ma journée, fantômes évanescents d'une nuit vaste comme un gouffre. J'ai beau me réveiller très vite pour tenter d'entrer rapidement, de façon un peu raide, dans le jour qui commence ou encore essayer de traverser très lentement les lieux qui séparent le sommeil de l'état de veille, comme pour laisser aux rêves le temps de se dissiper à la manière de brumes matinales, rien ne fonctionne... Les rêves sont tenaces, entêtés et me mènent la vie dure.

Je regrette alors quelquefois cette période que fut le temps de «ma» psychanalyse. Oui, il m'arrive d'avoir quelques instants la nostalgie d'une époque où il y avait quelqu'un là pour entendre toutes mes angoisses et pour accueillir le fardeau que peut constituer ma vie à certaines époques bien précises de celle-ci. On ne va pas en psychanalyse de gaieté de cœur. On va là, parce que cela va mal. L'autre jour, une amie me rappelait une époque «post-soixante-huitarde» où les gens décidaient de se payer des séances sur le divan pour faire une expérience intellectuelle. Personnellement, je trouve cela obscène.

Je ne vais jamais «assez mal assez longtemps» pour retourner en analyse. Mais cela ne m'empêche pas de regretter ce lieu où je pouvais me retrouver, renouer avec une part tragique, douloureuse de moi et de mon passé et malgré tout me débarrasser un peu de tout cela. En fait, ce que j'ai vraiment appris sur le divan, c'est vivre avec ce qui peut de moi ou de ma vie me faire horreur. J'ai aussi appris à être capable de rire de mes terreurs. Il est vrai que certains matins je doute (comme lorsque j'avais vingt ans) qu'il me soit possible de vivre avec moi. Pourtant, j'ai constaté avec le temps que les choses se tassent, que les années qui passent me montrent un peu la vanité de mes gros désespoirs et qu'il y a des espèces de petites « épiphanies » dans nos vies qui font qu'un rêve violent peut être effacé rapidement dans le courant d'une journée, sans que nous ne sachions comment. La grâce existe.

Ce que je regrette le plus, je crois, c'est de ne pas avoir de lieu déterminé pour qu'il y ait quelque résonance à ce qui m'agite. J'ai des amis, bien sûr, à qui je pourrais raconter mes rêves les plus terrifiants. Mais nos rêves n'intéressent guère les autres. Leur matière reste hermétique, un peu stérile pour ceux qui nous entourent pourtant bienveillamment. Et puis, je n'ai pas envie de « contaminer » mes amis avec mon désespoir passager ou bien installé. Je tiens à ne pas être trop lourde dans ma vie privée. Je veux maintenir une certaine légèreté et rire et jouer avec mes proches.

En fait, il est peu de lieux où il est possible de pouvoir faire exister et abandonner une partie de soi inavouable, abîmée et pourtant très authentique. La désespérance n'a pas beaucoup d'espace dans les rapports humains. Je ne souhaite pas ici qu'elle en ait plus. Parfois elle se manifeste de façon extrêmement virulente, spectaculaire, dans des actes fous où le meurtre et la mort deviennent la seule façon de faire entendre quelque chose de la souffrance. Je ne pense pas que de parler à un ami ou une amie suffirait à éviter de telles fureurs. En revanche, je trouve important qu'il y ait des lieux neutres pour permettre aux gens de montrer et confier à d'autres certains morceaux de leur corps de détresse. Dans ces lieux divers gît encore le divan de psychanalyse, qui n'a rien d'un lit de Procuste. François Péraldi, psychanalyste montréalais, mort dans les années quatre-vingt-dix, parlait de cet endroit paradoxal qu'est le divan où «l'on ne dort, ni ne baise». Le divan est l'espace d'un repos intranquille de soi et d'agitations calmes où il est pensable, après parfois de longs efforts, de retramer et retracer un lien solide à soi.

Pourtant, je ne retournerai pas en psychanalyse. Pas tout de suite et peut-être jamais. C'est ce «jamais» que je me souhaite. Pour moi, la littérature est devenue un lieu où il est possible de palper ma douleur et de pouvoir aussi en faire quelque chose. Je ne parle pas ici des livres que j'écris et qui m'apportent peu de réconfort. Je parle des grands livres que je lis qui présentent la douleur et la joie du monde, ces livres dans lesquels je suis là et pourtant absente, qui me renvoient à moi tout en m'allégeant de ma subjectivité. Dans la littérature, je ne suis pas seule. D'autres ont fait de mauvais rêves, les ont écrits et n'ont pas été simplement écrasés par leur tourment. Bien sûr, certains auteurs que j'admire se sont suicidés, en fin de compte, malgré tout, et malgré la littérature. Mais ils ont quand même fait œuvre et par le poids de leurs écrits, ils parviennent à me délester de moi. Je ne pense pas ici à une littérature de divertissement qui me ferait oublier mes petits problèmes quotidiens, mais bien plutôt à un art grave ou léger, grave et léger, qui parviendrait à faire sentir qu'il y a une «communauté inavouable», inavouée, qui existe entre les êtres vivants et leurs malheurs et bonheurs. Les livres et l'art en général portent quelque chose de notre humanité, même la plus inhumaine, la plus animale.

J'ai vu un grand nombre d'amies et d'amis mourir au cours de ma vie. Pour la plupart la mort s'est annoncée comme une condamnation. La mort s'est donnée à voir pour mieux montrer son caractère inéluctable. Face à cette sentence, mes amis condamnés ont réagi de diverses façons. Certains ont voulu brûler le petit morceau de chandelle qui leur restait par les deux bouts, profiter au maximum de la vie, en oubliant l'échéance. Ils se sont mis à sortir frénétiquement, à manger, à boire, à baiser, à écrire tout leur soûl jusqu'à ce que cela ne soit plus possible. Il s'agissait pour les plus artistes d'entre eux de faire proliférer les traces de vie, de penser à la postérité, aux œuvres posthumes. Certains voulaient retoucher et achever les derniers tableaux ou les derniers poèmes. Peut-être voyaient-ils dans le travail un lieu à eux à partir duquel ils pouvaient affronter la mort? Je ne sais pas. Je suis plutôt sensible à ce que décrit Cormac McCarthy dans *La route*. Le personnage principal qui sait qu'il doit rencontrer la mort un jour proche sans savoir comment elle viendra, jette tout ce qui lui reste de son passé, ses papiers d'identité et ce qui pourrait lui rappeler son nom. La mort est un travail de dépersonnalisation, d'effacement des traces de soi. Dans le roman de McCarthy, seul le fils du personnage principal restera comme ce qui peut continuer après lui sur cette terre.

Vivianne, mon amie morte d'un cancer dans la jeune quarantaine, se sachant atteinte de sa propre mort, est retournée voir sa psychanalyste. Celle-ci, alors que Vivianne était à l'agonie, venait au chevet de mon amie pour entendre sa peur de la mort. Jamais Vivianne ne nous l'aurait confiée à nous, cette peur, pas plus qu'elle ne l'aurait dite à ses fils, encore tout enfants. C'est avec sa psy que Vivianne a affronté la mort, c'est grâce à elle qu'elle a su partir en nous préservant de sa terreur. Et de cela, il faut encore sans aucun doute les remercier toutes deux, Vivianne et sa psychanalyste.

Moments fragiles

«Je t'aime, Éloi... Bonne journée!» Ce sont ces deux phrases dites précipitamment par un père, à l'entrée de la cour d'école qui m'ont fait sursauter ce matin. Il m'a semblé, tout à coup, avoir entendu quelque chose de trop intime, de trop fort pour moi qui allais vaquer bêtement, toujours pressée, à mes occupations si importantes... Tous les matins, j'entends le père d'Éloi dire au revoir à son fils. Pour des raisons inaccessibles à l'entendement, nous arrivons toujours à la même heure devant la cour d'école. Tout juste avant la cloche. Tous les matins, alors que la sonnerie retentit, en faisant un bruit strident (surtout l'hiver), Éloi, de la tête répond à son père qui lui lance «bonne journée» sans lui dire explicitement qu'il l'aime. Mais ce matin, le père d'Éloi, qui comme moi n'est jamais en retard, ni en avance, a ajouté ce «je t'aime» qui m'a fait tressaillir. Il y a, il est vrai, dans tout au revoir à nos proches, une forme de déclaration d'amour secrète, cryptée, que parfois l'intonation révèle un peu. En disant à l'aimé: «Au revoir, bonne journée!», nous lui donnons la permission de passer quelques heures sans nous, et nous maîtrisons un peu l'angoisse de la perte possible, de la mort qui se love, comme une traître, même dans les petites séparations. «Et si tout à coup nous ne nous revoyions pas?» Cette idée effleure l'esprit, mais les mots se donnent comme des petits ponts à travers le jour, des ponts qui nous permettront de traverser les heures. Laure Adler dans son livre *À ce soir*, a bien relevé comment cet «à ce soir...», que nous disons le matin à ceux que nous quittons, apprivoise quelque chose de la douleur de se quitter pour toujours. Il est un rituel qui conjure l'absence.

Ce matin, devant ces phrases qui retentissaient encore dans l'air froid, bleu, alors que le père avait déjà pris le chemin de son travail en courant sous le ciel glacé et que le fils tant aimé se mettait en rang, en chahutant et en redevenant un élève parmi d'autres, j'ai soudain été inquiète. Plus tard, à mon travail, j'ai frémi quand deux étudiants se sont dit: «À la semaine prochaine!», comme si tout pouvait s'arrêter et que le temps si certain, si routinier, pouvait nous faire du mal.

La phrase du père d'Éloi avait réveillé en moi toute la détresse du monde, toute la douleur de la séparation que peuvent vivre des parents quand les enfants grandissent et qu'ils brisent le rêve (de toute façon fou) de fusion. Cette douleur-là, on l'oublie vite, vite, parce que la journée va commencer, que la vie continue et qu'il faut s'astreindre à l'horaire. Dans ce «je t'aime, Éloi...», le père stoppait un peu la marche folle du temps; il volait un morceau d'enfance aux heures et aux années méchantes à venir et donnait à lui-même et à son fils la permission de s'oublier l'un l'autre, de faire avec la vie.

Je dois l'avouer: j'aurais du mal à dire à ma fille que je l'aime, le matin, en la laissant devant la grille de la cour d'école. Il me semble que l'amour, c'est à la maison, dans certains gestes, dans certains rituels précis et que dès que nous passons, elle et moi, le seuil de la porte, nous reprenons nos personnalités sociales. Nous sortons tout armées dans le monde, et pour être solides, nous avons déjà laissé chez nous quelque chose de nous. La psychanalyse et la psychologie veulent parfois nous faire croire que seules les mères sont sujettes à ce désir de fusion, à cette dévoration de l'enfant. Je pense que cette angoisse est propre à tout être vivant qui en aime un autre, et même mon chien est inquiet quand je le laisse pour un temps. Mais «il s'y fait», parce qu'on s'y fait, et qu'on se fait une raison...

Ce matin, le père d'Éloi, parce qu'il avait fait un mauvais rêve, parce qu'il allait chez le médecin pour une visite de routine, parce que c'était l'anniversaire de son père mort ou encore parce que son fils avait un rhume, a peut-être pensé au bonheur d'être là avec son enfant bien-aimé et surtout à la possibilité de voir tout cela disparaître sans crier gare.

La maternité, la paternité nous rappellent parfois que le temps doit s'arrêter. L'amour aussi peut mettre l'accumulation des minutes entre parenthèses et raviver quelque chose d'une angoisse qu'est la perte possible, pour une seconde ou une journée. Ce matin, la douleur possible s'est pointée pour moi, dans cette phrase toute simple («Je t'aime, Éloi»), lancée maladroitement du bout du monde, du fond de la plus grande intimité pour atterrir dans la cour d'école. Il est des choses, des mots, des situations, des moments avec lesquels il n'est plus possible de se faire une carapace et où s'installe subrepticement dans notre voix un morceau d'inquiétude folle, un petit bout d'un amour trop grand.

C'est cette conscience-là, celle de la possible disparition de ceux que nous aimons familièrement, que Proust décrit dans la conversation téléphonique avec sa grand-mère. Il se rend compte qu'il peut perdre sa grand-mère un jour et que cette voix lointaine, livrée par intermittence, préfigure déjà l'absence de celle qu'il aime et qui ne tardera pas à mourir. Mais pour Proust, il s'agit d'une préparation à la mort, d'un rite de deuil qui s'installe avant la mort même de sa grand-mère, une espèce de répétition théâtrale douce, qui résorbera le choc de la grande scène tragique à la fin. Or, le «bonne journée» lancé à son enfant ne constitue pas une forme de préparatifs à la mort d'un fils, mais bien plutôt une conjuration du mauvais sort, toujours possible.

Il est dans de petits moments de la vie de grandes catastrophes cachées.

«Quand ma fille est morte, j'ai eu le sentiment stupide d'être soudainement devenu invulnérable», écrit Philippe Forest dans *Le Nouvel Amour*. Je comprends que pour Forest, il n'y aura plus avec son enfant de moments de panique où il faut dire: «je t'aime» à tout prix avant de commencer sa journée. Cette invulnérabilité-là, elle appartient à ceux qui n'ont plus rien à perdre, qui sont en quelque sorte morts à eux-mêmes. Forest la déplore tant, cette force...

Je nous souhaite des pluies de fragilité et des phrases impromptues qui nous rappellent à la vie.

« Just a Perfect Day »

Depuis quelques jours, je chante à tue-tête « Just a Perfect Day » de Lou Reed. Il y a longtemps pourtant que je n'ai pas bu de sangria dans un parc et encore plus longtemps, je crois, que je ne suis pas allée nourrir les animaux au zoo, comme le veut la chanson. Je ne vais pas souvent au cinéma, et je ne flâne presque jamais, bras dessus, bras dessous avec ceux que j'aime. Des jours simplement parfaits, à ne rien faire, à m'oublier, à jouer à être quelqu'un d'autre, je n'en ai pas souvent. Et si au début de 2009, après ma lecture d'un livre du maître bouddhiste Thich Nhat Hanh, je me suis juré de consacrer une journée par semaine à ne rien faire, à boire du thé ou à contempler les volutes de la fumée de mes cigarettes, j'ai déjà en février brisé plusieurs fois ma promesse. J'avais décidé d'apprendre à faire le ménage avec joie, en prenant tout mon temps et en ne pensant pas à mes occupations futures. Je m'étais dit que je nettoierais la vaisselle très lentement afin d'être capable de connaître enfin la couleur de mes assiettes. Je m'étais engagée à cuisiner longuement un repas, à passer deux heures à table à déguster un plat et je croyais sincèrement être capable d'utiliser un vernis à ongles qui ne sècherait pas en un clin d'œil. Bien sûr, je me suis menti et je récolterai un jour ce que je sème. C'est ce que me prédisent les paroles de Reed. Oui, j'ai bien peur de devoir glaner bientôt des instants de vie ici et là, dans l'existence des autres, parce que j'aurai négligé mon propre jardin durant de trop nombreuses années.

Je me demande souvent ce qui fait qu'une journée est heureuse. Parfois, le matin, je me lève terrifiée à l'idée que les heures que je m'apprête à vivre et auxquelles j'accorde une importance presque malsaine seront totalement oubliées, anéanties dans quelques jours et même demain. Ces heures iront rejoindre tant de moments insignifiants dont je perdrai vite toute trace mémorielle mais pour lesquels pourtant j'angoisse inutilement, avec conviction. Beaucoup de mes jours sont vides, sans consistance, bien que je fasse tout un plat d'un comité grotesque ou d'une rencontre de travail absolument dérisoire ou encore d'une heure perdue chez un coiffeur toujours beaucoup trop lent pour moi. J'ai parfois la sagesse, dans mon lit, à la fin d'un jour morne, de rire de moi et de remercier la vie de son insignifiance. Aujourd'hui, rien de grave ne sera arrivé et je me sens en m'endormant doucement « épargnée » par les malheurs de ce monde. Je me sens comme une condamnée à mort certes, mais j'ai eu encore un jour de sursis, un jour de vie « bête » et je bénis le ciel de ne pas avoir pensé trop à moi, de ne m'avoir préparé aucune surprise.

Il y a en moi deux personnes. Celle qui a ce désir terrible, extrêmement hystérique et donc humain de vouloir à tout prix que quelque chose arrive, de demander à la journée d'être marquée, gravée dans la mémoire et dans l'histoire. Cette Catherine se crée des problèmes et des ennuis là où il n'y en a pas, pour se donner l'illusion de l'existence. Et puis je sens en moi souvent l'autre créature, celle à qui je donne si peu de place, celle que je condamne au silence, que je censure. Cette Catherine-là est heureuse du peu qu'est la vie. Elle est capable de se contenter d'un mot, d'un geste, d'un lieu, d'un parfum, d'une salle de classe qui se remplit lentement à partir de huit heures trente, accueillant des étudiants aux cheveux emmêlés, à peine réveillés. Elle sait s'installer dans un bonheur niais, sans mémoire. J'ai déjà surpris cette fille-là à sourire au soleil qui entrait l'hiver dans sa maison et se posait sur sa main triste. J'ai déjà surpris cette gamine de presque cinquante ans à chanter une chanson de Lou Reed en riant.

Ce qui me semble le plus cruel avec l'âge, c'est ce sentiment que décrit Roland Barthes dans un séminaire: si la vie est souvent projet, projection et si nous nous consolons de ce que la journée ne nous donne pas, en imaginant qu'un jour tout arrivera, avec les années qui passent, nous découvrons que certaines choses ne sont plus possibles, qu'elles n'auront tout simplement pas lieu pour nous. Quand j'étais jeune, je croyais naïvement que je pourrais lire tous les livres dont on me parlait et visiter tous les pays du monde. La vie était virtuellement pleine. Maintenant que le temps a passé, je sais bien que certains livres que je voudrais lire me seront à jamais inconnus et que je ne pourrai voir le monde comme j'y tenais tant. Bien

[123

sûr, il est vraisemblable qu'il me reste encore beaucoup de terres à découvrir, beaucoup de mots et de gens à embrasser, mais « passé le milieu de la vie », comme le dirait Barthes, il est inévitable de comprendre que certaines choses n'auront pas lieu, que le possible ne contient plus le même fantasme de totalité que se permet la jeunesse. Il faut faire le deuil fou du tout.

Depuis quatre ou cinq ans, j'ai dans mon bureau une lettre de démission toute prête qui me permettrait de me libérer de mon travail. J'ai dans ma tête l'idée toujours présente de partir très loin, là où je ne me connais pas, pour renouer avec moi-même... Je rêve d'arrêter tout écriture et de vivre enfin. Je ferais n'importe quoi pour me retrouver telle que je n'ai jamais été. Si je ne bouge pas, si je ne fais pas les gestes libérateurs, c'est bien parce que je n'arrive pas à savoir si ce désir d'en finir avec cette vieille jeune fille occupée et « dynamique » que je suis n'est pas un stratagème de celle-ci pour se donner l'illusion d'une vie pleine... À défaut de rêver de tout faire quand nous vieillissons, nous ne pensons peut-être plus qu'à des coups d'éclat, qu'à des épiphanies suicidaires qui nous sauveront du deuil que la vie nous force à faire de nous.

Contre ce deuil, je lutte en m'inventant une fin ou encore en me donnant des journées affolées durant lesquelles j'ai des milliers de choses à faire. J'ai beaucoup de prétextes. Je me mens bien et j'ai arrangé ma vie pour qu'autour de moi les gens aiment me donner l'illusion que ce je fais est important. C'est totalement faux. Je suis un grand vent qui passe, sans même décoiffer les têtes.

C'est bien ainsi. Je ferais mieux d'apprendre à faire confiance au jour et à sa banalité. La routine (disait le philosophe Deleuze) peut avoir quelque chose de révolutionnaire. À cela, je ne veux pas même penser. Je refuse de sortir mon existence de sa médiocrité essentielle. Si j'ai des actes à poser, des moments à faire advenir, je souhaiterais que rien ne m'éloigne d'une neutralité bienveillante, un peu gâteuse face à la vie quotidienne.

Ce que je cherche en ce moment c'est «Just a Perfect Day». Pour moi et pour les autres. Et, pour être franche, je ne sais si j'y arriverai.

Les filles du père ne sont jamais fatiguées

Dans le monde contemporain, il est aisé de constater que ce sont les filles du père qui ont la cote et qui sont capables de parvenir aux plus hautes fonctions de l'État. Mais peut-être en a-t-il toujours été ainsi ? Quand les fils légitimes sont fatigués, assassinés ou simplement inexistants, les pères ont peut-être, depuis la nuit des temps, fait un petit signe condescendant à leurs filles, leur ont tendu la main pour la leur passer. Ils ont souvent consenti, magnanimes, à faire d'elles de bons fils afin que la flamme paternelle puisse continuer à brûler. Cela a permis, il est certain, une progression de la représentation des femmes dans la vie politique. Indira Gandira, fille de Nehru, fut première ministre de l'Union indienne et la deuxième femme au monde à être élue démocratiquement à la tête d'un État. Benazir Bhutto, fille du héros du peuple, a montré, comme Indira Gandhi, de façon tragique, par sa mort, que dans certains lieux du monde, les sœurs font des fils tout aussi courageux, et parfois aussi malhonnêtes que leurs frères ou leurs maris.

La fille du père est une figure importante de notre imaginaire et dans la modernité progressiste, elle prend une place de plus en plus grande. Le raisonnement est simple : après tout, les garçons ne sont plus les seuls à avoir droit à l'héritage spirituel de papa et un certain féminisme s'est construit dans la lutte avec les frères pour mieux prendre la place du père, en proclamant ainsi une volonté bien légitime de participer au pouvoir paternel et d'avoir une part du gâteau.

La fortune critique du personnage d'Antigone si cher à Hegel et à tant de philosophes de la modernité nous montre combien la fille qui a accompagné son père Œdipe dans son exil et sa honte est présente dans notre pensée. C'est Antigone qui défendra la sépulture de Polynice et qui se révoltera contre Créon afin d'avoir le droit d'enterrer, malgré l'interdit de la Cité, son frère mort et désigné comme traître. Antigone, c'est la jeune fille qui protège sa famille et ses morts, qui veille sur le respect du sang pourtant bien souillé de son père incestueux et paria. Elle a été vue comme celle qui ose combattre la loi de l'État au nom d'une loi encore plus grande, comme celle qui n'a peur de rien et qui a le courage d'un soldat devant la mort. Elle a été maintes et maintes fois convoquée pour mieux définir l'idéal de la révolutionnaire, et est représentée souvent en *one of the boys*, même si elle périra comme une fille. Elle aura eu la force de se dresser contre l'autorité, ce que sa sœur Ismène n'aura su faire. Antigone, je le crois, est devenue en quelque sorte l'héroïne moderne, celle qui plus encore que ses frères qui s'entretuent dénonce l'injustice quand elle la voit et cherche la loi juste. Je ne vois pas de mal à la place qu'a prise Antigone dans nos réflexions contemporaines sur le politique. Il y a en cette jeune fille vierge qui périra pour son idée un petit quelque chose de la victime pure qui ne me convient pas tout à fait, mais je comprends bien que ses apparitions dans notre imaginaire permettent aux femmes de se donner une voix, même si celle-ci risque de finir par être emmurée et ensevelie. Pour moi, le problème d'Antigone, c'est son sacrifice qui reste malgré tout bien féminin, mais j'ai appris à aimer cette figure de la femme juste et courageuse et elle me sert souvent dans les temps difficiles.

En revanche, je suis un peu perplexe devant l'importance que prend le fantasme même de la fille du père, en ce moment même, lors des élections américaines. Cela a commencé lorsque Hillary Clinton, pas du tout honteuse de l'effacement du patronyme paternel Rodham dans son nom de famille au profit de celui de son mari (je rappelle ici aux plus jeunes d'entre nous que Hillary Clinton a longtemps été Hillary Rodham Clinton), a réintroduit durant sa campagne son père de façon pour le moins étrange. Elle a affirmé fièrement au Wisconsin que son papa lui avait appris à tenir un fusil et qu'elle était même aller chasser le canard avec lui, quand elle était petite. En ce sens, elle n'avait plus rien à envier à Mitt Romney, un de ses adversaires, qui s'était prétendu grand chasseur devant l'éternel.

Bien qu'elle ait fait venir sa mère à certains de ses discours publics pour exhiber une lignée de femmes indépendantes, Hillary a eu besoin d'affirmer que son père lui avait appris à manier la carabine, laissant ainsi planer un doute bien politique sur sa position sur le contrôle des armes à feu. Clinton a voulu faire étalage d'une virilité que ses déclarations fort exagérées sur son arrivée en Bosnie sous une pluie de balles et de bombes n'ont pas réussi à confirmer. Pourtant, Clinton n'a rien d'une femmelette et jouer à huit ans de la gâchette avec son père ne peut que la mettre à l'abri de tout soupçon.

Qu'est-ce qui pousse les filles en ce moment à vouloir être aussi ridiculement viriles que les garçons ? Quelle est cette surenchère de masculinité avec laquelle les femmes jouent ? Sarah Palin ne cesse de se réclamer d'une lignée paternelle qui fait dans le port d'armes. Elle affirme être une chasseuse dans l'âme. Elle aime bien poser dans son bureau en Alaska, devant un homard géant et une peau d'ours qu'il ne faut pas (je le lui rappelle) vendre avant de l'avoir tuée, adore aussi les trophées de guerre et part souvent en forêt pour taquiner la marmotte en compagnie de son père Chuck Heath.

Durant le débat, Palin faisait des clins d'œil à son papa dans la salle pour mieux montrer sa complicité avec les hommes d'un certain âge, avec lesquels elle a des discussions corsées en bonne fille du père qui n'a rien à envier à l'arrogance du fils. Dans le clin d'œil de Sarah Palin destiné à son papa, il y a à la fois la déférence et l'irrévérence du fils qui rêve de rendre hommage au père pour mieux l'assassiner. Depuis que Palin est devenue colistière de McCain, on n'entend parler que de la mort possible du vieux républicain alors qu'il serait président des États-Unis, comme si c'était le propre rêve de Palin qui se donnait à voir dans ce scénario doublement catastrophique.

Palin, bien qu'elle joue beaucoup sur sa maternité et sa progéniture, ne se présente pas seulement comme mère devant ses concitoyens. Une simple mère n'intéresserait pas les électeurs. C'est la fille du père qui nous plaît, celle qui parle de hockey comme une experte et avec plus d'intensité que de politique étrangère, celle qui n'a pas honte de se définir comme un pitbull avec du rouge à lèvres, prêt à mordre ses adversaires, celle qui a repris comme un mantra le slogan républicain fort évocateur et presque obscène, récité pendant la convention : «*drill, drill, drill*» ou encore «*drill, baby, drill*». Sarah charme parce qu'elle peut entrer dans un bar d'Anchorage à trois heures du matin et faire taire les gars saouls, avant de remonter dans sa jeep ou son hydravion. Elle fascine parce que, enceinte de huit mois, elle a perdu ses eaux mais a quand même tenu à prononcer un discours au Texas avant de remonter dans un avion pour aller accoucher, sereine, en Alaska. Sarah est forte, quoi qu'il arrive. Elle est le vrai fils du père, celui que Georges Bush père et l'Amérique n'ont pas eu avec G. W.

Sarah Palin s'affirme comme une vraie patriote. Elle veut plein de petits Américains à la guerre et milite donc contre l'avortement. Sarah Palin voudrait que le créationnisme soit enseigné à l'école, que certains livres en soient bannis et elle ne croit pas aux causes humaines du réchauffement de la planète. C'est dieu qui décide de tout. Il a beaucoup de temps à nous consacrer. C'est lui qui l'a choisie, elle, Sarah Palin. En fait, elle a surtout été désignée par un vieil homme pour lui succéder, s'il venait à mourir. Sarah Palin serait présidente des États-Unis, parce qu'elle est la vestale de l'Amérique réactionnaire, des valeurs conservatrices que les vieux hommes n'arrivent plus à vendre bien. Ce ne sont pas ses réalisations qui l'auront conduite là où elle sera peut-être demain.

Je me souviens d'un temps où les femmes étaient choisies pour leur apparence. Le progrès veut qu'on les choisisse pour leurs valeurs de gardienne de la nation. La femme n'est pas une putain. Elle est une vestale. Cela constituerait un progrès qu'il faudrait célébrer.

Je ne me réjouis pas de ce qui arrive aux femmes ailleurs et puis ici.

Alice et Marylin

Quand je songe à l'amour fou que je portais à Alice
Cooper durant mes longues années d'adolescence, à Bay
City, je n'arrive pas à totalement rougir. La honte ne me
vient pas tout à fait. Comment ne pas aimer un homme
qui s'appelle Alice? Comment ne pas adorer celui qui
chantait «Only Women Bleed», chanson qui en 1975 a
décidé de mon féminisme et peut-être de ma vie? Une
femme y souffrait à cause de son mec et pour moi Alice
était le seul à la défendre par sa voix. À mes yeux d'adolescente, seules les femmes et Alice savaient saigner et
verser des larmes de sang... En 2008, il m'est difficile
d'aimer avec autant de fougue le golfeur invétéré qui
pousse la baballe dans les 36 trous de l'Arizona. Néanmoins, j'avoue avoir un faible encore pour lui, même si
j'apprécie beaucoup moins qu'à quinze ans de voir la
foule déchiqueter les poulets durant les shows ou encore
d'aller à des spectacles où mes idoles jouent tantôt à la
guillotine tantôt avec de gros serpents. En fait, avec les
années, mon amour pour Alice s'est transformé. Il a
trouvé une nouvelle existence en la personne de Marylin
Manson, qui tout en gardant quelque chose d'Alice a su

renouveler le genre... Je me fais souvent plaisir en allant sur YouTube regarder Alice et Marylin chanter ensemble « Sweet Dreams ». Après « Welcome to my Nightmare », c'est là une vraie promesse.

Je dois avouer ici que c'est dans le visage d'Alice et de Marylin ou encore dans leur voix que je me suis trouvée. Ces hommes trop maquillés, aux yeux beurrés de khôl qui dégouline sur les joues, ont été pour moi le vecteur même de ce que j'appelle sans pudeur ma féminité. C'est en scrutant la face barbouillée d'Alice que j'ai pu entrevoir ce que serait un jour mon visage féminin un peu défait. J'aime ces hommes Jézabel, ces reines de Saba qui portent des robes et même du rouge à lèvres sur scène et qui n'ont peur d'aucune vulgarité. Alice et Marylin sont pour moi des modèles et quand j'ai appris à me maquiller, j'ai commencé à me peinturlurer comme Alice, me disant qu'ainsi j'éviterais le bon goût et la propreté savonneuse auxquels on confine trop souvent les femmes. Alice m'a appris à en faire toujours un peu trop. Oui, je crois qu'Alice m'a permis de m'imaginer femme, sans en avoir à passer par la jeune fille en fleurs, sage ou charmante. Il y a dans le visage d'Alice et de Marylin quelque chose de la Méduse et je sais grâce à eux qu'il n'est pas mauvais de faire peur.

On m'en voudra sûrement de dire que ce sont des hommes qui m'ont permis de me trouver et on suspectera en moi quelque reste d'une aliénation bien féminine. Peut-être... Oui, il y a certainement un peu de cela en moi.

Mais quand je vois le visage plissé, vieillissant, fardé d'Alice Cooper qui a treize ans de plus que moi, je sais ce que je vais devenir et cela est rassurant. C'est Alice qui m'apprend à vieillir et de cela, comme tant d'autres choses, je lui sais à lui aussi humblement gré.

Nos rêves les plus fous

« *We all have the same dream as Joe the plumber.* » C'est ce que le candidat républicain à la présidence des États-Unis martèle dans ses grands rassemblements. Nous aurions tous le même rêve, le rêve américain, de Joe, de celui qui ne veut pas payer d'impôts, qui rêve que sa business fonctionne bien et que sa vie s'écoule sans heurt dans sa banlieue blanche. Nous aurions tous ce rêve-là.

Moi, je le confesse, je ne rêve pas de cela. J'aime payer mes impôts et j'ai des rêves terribles, apocalyptiques que je ne souhaite même pas à mon pire ennemi. J'ai des rêves incendiés, criminels, nazis, des rêves à répétition, des rêves mitraillettes qui me trouent la peau. Une de mes amies qui est née en 1939 en France et qui a échappé, elle ne sait comment, aux rafles allemandes et à la mort, enfant, rêve depuis toujours de la Gestapo...

Nous n'avons pas tous les mêmes rêves.

Nos nuits sont différentes, nos jours aussi.

Dans un très beau livre, *Le jardin du commandant*, qui est passé inaperçu au Québec (mais faut-il encore s'en étonner?), Yves Gosselin racontait la vie et les rêves que faisait la femme d'un commandant d'Auschwitz alors qu'elle habitait une petite maison pas loin du camp. Cette femme continuait à rêver de choses banales dans la proximité de l'horreur. Elle avait des rêves diurnes et nocturnes, semblables peut-être à ceux de Joe *the plumber*. Sa vie était tranquille et ses rêves, ma foi, pas très angoissés. Ceux qui étaient à Auschwitz, ceux qui y étaient exterminés rapidement ou un peu plus lentement, rêvaient-ils? Leur réveil n'était-il pas toujours précipité, abrupt, violent sans qu'il soit jamais possible de se rappeler quoi que ce soit? Et un bon rêve était-il souhaitable dans cet enfer? Qu'aurait apporté un rêve heureux, si ce n'est une douleur inimaginable au réveil?

Dans *Rêver sous le Troisième Reich*, Charlotte Beradt réunit de 1933 à 1939 plus de trois cents rêves qu'elle obtient en faisant parler des amis, des voisins, des relations. Or, avec Beradt, on se rend bien vite compte que le IIIe Reich avait condamné un grand nombre de personnes à faire des cauchemars sur l'État. L'Allemagne faisait certes à cette époque son rêve national-socialiste, son grand songe allemand, mais malgré tout, lors des nuits de certains exclus du beau rêve germanique, c'étaient aussi la peur, la terreur devant le pouvoir, devant l'ignoble qui se manifestait.

Joseph Goebbels, ministre de la Propagande et de la Communication sous le IIIe Reich, qui avait décidé du premier bûcher de livres à Berlin en 1933, rêvait beaucoup... Cet ami très proche d'Hitler a consigné ses rêves et ses pensés dans le journal qu'il a tenu minutieusement de 1923 à la chute du Reich et qui vient d'être traduit en français. Ce journal devrait, pense-t-on, nous enseigner quelque chose sur la conscience nazie... Mais peut-on éclairer le mal sans qu'il nous tache ?

Sur la quatrième de couverture du tome qui couvre la période 1923-1933, la voix intérieure de Goebbels se fait entendre : « J'ai fait un rêve singulier : je me trouvais dans une école et j'étais poursuivi à travers les vastes couloirs par plusieurs rabbins de Galicie orientale. Ils me criaient sans relâche : "Haine !" Je les devançais de quelques pas et je leur répondais par le même cri. Et cela continuait ainsi pendant des heures. Mais ils ne me rattrapaient pas. Je les devançais toujours de quelques pas. Est-ce un bon présage ? »

Joseph Goebbels, le 17 décembre 1929, se demandait s'il faisait un rêve prémonitoire, de bon ou de mauvais augure pour lui. Ce rêve nocturne porte en lui le rêve nazi de l'extermination. Contre la haine qu'il imagine venir de l'autre, du rabbin, du juif, Goebbels prendra en effet quelques pas d'avance et inventera une machine terrible de destruction systématique. En 1929, Goebbels a trente-deux ans. Il a le temps de réagir à ce qui est un très mauvais présage pour le monde. Il a le temps de ruminer son rêve. Il le fera.

Theodor W. Adorno, philosophe allemand, critique des Lumières, a tenu à partir de 1942 le compte de ses rêves avec l'idée de les publier un jour. Les récits de rêves d'Adorno tentent de rester dans le sommeil. Ils veillent sur le rêve et sa nuit. Il ne s'agit pas d'apporter le rêve à la lumière, mais de garder quelque chose de l'ombre, de la mort qui le travaille. « Le rêve est noir comme la mort », écrit Adorno. En lui réside une obscurité que toutes les interprétations du rêveur ne peuvent dissiper. Adorno n'analyse pas ses rêves, tente très peu de les comprendre, mais il les écrit, peut-être parce que pour lui le rêve excède le personnel. Le rêve témoigne, mais on ne sait jamais de quoi, et surtout pas uniquement de l'inconscient de celui qui le fait. Il est là et sa présence nous rappelle une certaine folie pour laquelle nous n'avons pas de réponse.

Si à la folie du rêve, Goebbels croit mettre un terme par une folie encore plus grande, la solution finale, Adorno nous invite à ne pas quitter l'emprise du rêve et à ne pas tenter d'en faire quelque chose de trop évident.

« *We all have the same dream as Joe the plumber* », scande McCain.

À cette affirmation idiote, je ne crois pas... Moi, j'ai des mauvais rêves bien méchants. Certains ont de grands rêves qui n'ont pas encore été assez prémonitoires.

Il faut aujourd'hui entendre le rêve éveillé, l'illumination dans la nuit de l'histoire qu'eut Martin Luther King, lors du discours qu'il prononça sur les marches du Lincoln Memorial à Washington, DC, le 28 août 1963 :

> *I say to you today, my friends, so even though we face the difficulties of today and tomorrow, I still have a dream. It is a dream deeply rooted in the American dream.*
>
> *I have a dream that one day this nation will rise up and live out the true meaning of its creed : « We hold these truths to be self-evident : that all men are created equal. »*

I have a dream that one day on the red hills of Georgia the sons of former slaves and the sons of former slave owners will be able to sit down together at a table of brotherhood.

Ce rêve de Luther King existe encore. Celui de Goebbels aussi. J'espère que c'est celui de l'homme noir que nous réaliserons.

Il faut commencer à en rêver.

Le jour J

Cette nuit, j'ai rêvé de lui, de cet ancien ami à qui, si je le croisais, je dirais à peine bonjour. Il arrive souvent que je le voie au détour d'un couloir et que sa présence me fasse l'effet d'un cheveu sur mon pull noir ou encore dans ma soupe: je ressens un mélange d'ennui et de dégoût. De lui, de notre amitié, il ne reste plus rien, depuis longtemps. Je pense même que le passé était une imposture, que nous avons entrevu l'amitié pendant quelque temps, mais qu'il n'y avait là qu'un mirage, une vue de l'esprit. Nous n'avons jamais été amis, puisque nous ne le sommes pas, que nous nous voyons parfois sur un trottoir avec calme et indifférence, en essayant de ne pas nous frôler, de ne pas entacher le présent de ce passé dont nous ne savons que faire et qui prend ses jambes doucement à son cou.

À l'époque, nous n'étions que ce que nous devenions déjà sans le savoir, deux individus qui n'avaient rien en commun, mais qui se sont croisés et recroisés jusqu'à croire au hasard. Pourtant, cette nuit, j'ai rêvé de lui. Cela ne me fait pas plaisir. Il était là au rendez-vous de novembre. Les dates commémorent quelque chose qui n'a jamais eu lieu. Un jour du mois des morts, nous aurions pu fêter sa naissance. Nous ne le fîmes pas. Ou peut-être, mais je ne m'en souviens pas. L'avenir qui nous séparerait nous en empêcha sûrement. Quelque chose en moi se souvient pourtant de ce qui n'a pas su exister. Le premier novembre est ma petite madeleine au goût trop sucré, écœurant. J'ai donc rêvé de lui et nous nous parlions, joyeux. Il n'y a pas à dire : la mémoire est une vraie salope.

De temps à autre, quelqu'un du passé se manifeste : « Te souviens-tu ? Nous jouions à la marelle, ou à touche-pipi... Le premier baiser... La première saloperie... » J'ai toujours peur d'être comme le narrateur des *Arbres à abattre* de Thomas Bernhard et de me retrouver un jour après l'enterrement d'une connaissance dans le fauteuil à oreilles d'amis de jeunesse, les Auesberger, alors que cela fait plus de vingt ans que je fais tout pour éviter ces amours décomposés.

À l'appel du passé, je ne réponds jamais. Je n'aime pas les souvenirs. Que dirais-je à moi-même, à celle que j'ai été si je me rencontrais ? Sûrement pas grand-chose. Je me ferais un petit bonjour de la tête, et puis je me renverrais dans l'oubli. Quand je suis déprimée, je me passe les diapositives de mon enfance : de Bay City, de la Floride, de Plattsburgh, de Chicago, de Paris et de la tombe de mes grands-parents et j'appelle mon frère. Il a parfois la patience de venir contempler le désastre de notre jeunesse, mais cela lui arrive de moins en moins souvent. Tout comme moi, il a fini par guérir du temps : des premiers jours d'école, des genoux pleins de bleus, des vêtements trop petits, de la famille qui s'engueule, de ma mère délaissée, de mon père absent, de la violence des jours, du non-dit qui nous tuait, du sous-sol de la rue Rimbaud à Saint-Léonard, du duplex brun de la rue Marie-Victorin à Montréal-Nord, de la Buick Wildcat verte à toit noir, de l'école de la rue Pelletier, des soldats canadiens durant la crise d'octobre, des lunettes comme des hublots et des boutons d'acné comme des volcans en éruption permanente. Tout cela s'est presque effacé de nos mémoires et j'adore quand nous n'arrivons plus, mon frère et moi, à nous rappeler du lieu et du moment de la photo que nous projetons au mur.

Quelle victoire de l'oubli! Le temps a fait son œuvre et je l'en remercie.

Nicolas et moi pouvons après cette séance de descente aux enfers bénir le présent et vaquer heureux à nos occupations du moment. Nous avons survécu à la catastrophe que nous fûmes... Ce n'est pas rien.

Je ne pense pas que les animaux aient des souvenirs. Du moins, s'ils se rappellent quelque chose, cela ne leur sert qu'à mieux agir dans le présent. Ma chienne aboie après quelqu'un qui lui a foutu un coup de pied il y a quelques années, mais je crois que c'est sans état d'âme. Simplement pour que les choses ne se répètent pas. C'est certainement à cause de cela qu'on se permet de leur faire tant de mal aux bêtes, de les exterminer sans remords. Les animaux n'ont pas de mémoire et surtout pas la notion d'histoire. Ils ne produisent pas un récit sur eux-mêmes. Ils sont dans le présent. Et pour le présent, qui a du respect ?

Dans son livre *Tourists of History*, Martia Sturken explique comment, dans les dernières décennies, les Américains ont répondu à des traumatismes nationaux en exacerbant la consommation d'objets commémoratifs, très souvent kitsch, qui mettent en scène en les mêlant joyeusement la mémoire, le deuil, la paranoïa et le sentiment de sécurité. Des boules de neige représentant le Word Trade Center aux petits oursons en hommage aux pompiers de New York jusqu'aux macarons qui célèbrent l'exécution de Timoth McVeigh, auteur de l'attentat d'Oklahoma City, l'Amérique se souvient dans sa quétainerie la plus indécrottable de sa vengeance. Il ne s'agit pas de se rappeler les morts, mais d'entretenir une imagerie de l'émotion qui va du *cute* à l'horrible et qui devrait entretenir le pathos, toujours utilisable en cas de nécessité patriotique. Le passé serait semblable à la neige blanche dans les *snowdomes* vendus un peu partout: secouable à satiété, mais qui finit toujours par s'estomper. Et puis, on le resecouera à la première guerre ou à la première exécution dont on aura besoin.

Il y a quelques jours, ma fille à qui j'expliquais que jamais une femme ou un Noir ne fut président des États-Unis me demanda pourquoi. Je n'avais d'autre explication que l'injustice ou encore la méchanceté des humains. J'aurais pu aussi évoquer l'Histoire qui explique tout... Je ne le fis pas.

Ma fille, je l'espère, n'aura pas à attendre pour voir un homme noir dans une situation de pouvoir. Elle a huit ans. Elle oubliera cette folie d'un monde raciste. Elle oubliera ce qui est encore aujourd'hui hors norme. Pour ma fille, les femmes ont tous les droits et j'espère que le monde va accélérer sa course et qu'elle n'aura pas à se rappeler d'un temps qui contredit ses croyances.

Le 4 novembre 2008 sera peut-être le premier jour de l'oubli. Nous ne le fêterons pas chaque année comme le jour du souvenir.

Il est grand temps de commencer à oublier.

La tache rouge de la honte

On ne peut que se réjouir de la victoire d'Obama. Depuis une semaine, l'Amérique fête. L'Amérique est en liesse. Moi aussi. Avec Roland Martin à CNN, avec Jesse Jackson, avec Oprah Winfrey à Chicago, avec Bernice King à Atlanta, avec tous ces gens trop émus de voir que le monde peut changer, que les rêves peuvent se réaliser. « *We've come a long way, baby* », comme on disait quand j'étais jeune. Oui, nous revenons de loin... Et cela ne peut que remuer en moi une foi inébranlable en l'avenir, en la vie.

Pourtant, le soir des élections, alors que je célébrais, je voyais la tristesse s'inscrire sur le visage de celui qui partage ma vie depuis déjà pas mal d'années. Le 4 novembre, malgré le succès inespéré d'Obama, Terry était triste. Ses yeux étaient fixés sur une tache rouge compacte, en bas de la carte américaine. Terry vient du Sud des États-Unis, d'un bled pas loin de Chattanooga, là où il y eut une grande bataille pendant la guerre de Sécession. C'est ce que savent tous les petits Américains qui apprennent leur histoire. Terry, le 4 novembre au soir, pensait à Ringgold, là où il est né et à tous les gens qu'il connaît qui ont voté contre Obama. Oui, absolument, contre Obama... Terry pensait à son père, dont c'était le 4 novembre l'anniversaire de naissance, qui a voté (il ne faut pas en douter) pour McCain parce qu'Obama est noir et que les Noirs, pour lui comme pour tant d'autres, sont le mal. Malgré la joie, la folie enthousiaste, Terry pensait à cette tache rouge sur la carte des États-Unis, la tache de sa honte. Et il était triste... En colère aussi. Ce n'est pas qu'il soit souhaitable que toute l'Amérique soit bleue, démocrate, mais il aurait fallu peut-être que le Sud soit moins rouge, quitte à ce que le bleu soit aussi un peu moins présent ailleurs dans le pays. Il aurait peut-être fallu que les couleurs se marient mieux, que les choses soient un peu moins évidentes, parce qu'il est quand même inquiétant de voir que le Sud blanc (c'est-à-dire rouge de façon presque homogène...) ne supporte pas l'idée qu'un Noir soit président des États-Unis. Il y a là plus qu'une divergence d'opinions sur une façon de gouverner. Dans le Sud, existe une poche rouge de haine qui reste honteuse pour tous celles et ceux qui viennent de là.

Je ne suis pas de Savannah, d'Atlanta ou du Mississipi et mon père, le métèque grec et pied-noir, aurait très certainement voté McCain s'il avait pu le faire, s'il était Américain. Il m'a d'ailleurs harcelée dans les derniers temps pour me convaincre qu'Obama était musulman (sans savoir d'ailleurs si c'était un bien ou un mal...) en me poursuivant dans les couloirs de son immeuble jusqu'à ce que je lui interdise de me parler de cela. Mon père peut changer d'idée quand le vent économique tourne. Mon père peut se laisser convaincre et même un jour, il pourra voter pour quelqu'un comme lui-même, un «sale immigrant» comme il dit en riant. Oui, un jour, si Dieu lui prête vie, il y parviendra...

Aux États-Unis, des racistes se sont rassemblés sous la bannière: « *Vote for a Nigger. Racists for Obama.*» Ces gens-là ont pour idée que quand la maison brûle, on se moque bien de la couleur de peau du pompier. Ils ont raison... Il y a quelques années, j'aurais été outrée et cet argument m'aurait paru encore bien raciste, mais j'ai compris depuis que pour certains ainsi commence le changement. Pas avec des grands mots, des idéologies, mais avec des exemples bien concrets. Mon père comprendrait cette idée-là: «quand la maison brûle, on a besoin de tout le monde...». Il serait d'accord. Mais il y a des gens dans le Sud des États-Unis qui préféreraient mourir plutôt que d'être sauvés par un Noir. Il y a des jeunes suprématistes à Nashville qui projettent d'aller tuer des enfants afro-américains dans les écoles, d'en décapiter d'autres. Ces racistes-là seraient prêts à mourir pour tuer Obama, s'ils en avaient la possibilité. «C'est pour cela que je suis parti», m'a dit Terry le 4 novembre. À cause de ces gens-là. De sa famille, des siens...

Cet été, je ne sais si nous irons voir le grand-père de ma fille dans le Sud. Je ne sais si nous ferons le voyage que nous projetions de faire, qui devait nous amener d'Atlanta à New Orleans, en passant par Memphis. Je ne sais pas si Terry aura le courage de supporter son Sud qu'il a quitté il y a trente-trois ans en se jurant de ne jamais y retourner très longtemps. Je ne sais ce que ma fille pourrait dire à tous ces cousins et cousines qui ne vont pas à l'école parce qu'ils y apprendraient que les dinosaures ont existé et qui bégaient l'espagnol avec leur mère qui le leur enseigne sans avoir appris la langue, parce que seules les mères savent éduquer leurs enfants... Je ne sais pas si ma fille serait capable de faire trois prières par jour au moment des repas pour remercier Dieu et si elle n'éclaterait pas de rire au moment de bénir le baril de Kentucky Fried Chicken. Nous irons peut-être là-bas parce que le monde nous appartient, mais nous ne nous précipiterons pas pour voir la famille blanche... Nous irons faire un tour dans le Sud, mais nous déciderons de notre parcours.

Le monde change, néanmoins pour certains les blessures restent.

La lutte est encore présente. Le combat continue. Oui, mais autrement. Parce que, comme l'a écrit Michèle Lalonde, plus que jamais: «Nous savons que nous ne sommes pas seuls.»

Dans la tourmente

Dans la tourmente du Moyen-Orient, alors que les vents de douleur semblent souffler encore là-bas, si proche de nous, un ami m'écrit au sujet d'Israël. Il me conseille un livre d'Avraham Burg, *Vaincre Hitler. Pour un judaïsme plus humaniste et universaliste* (Fayard, 2008) où l'on retrouve ces mots qui aujourd'hui, en ce moment même, me sont précieux, me consolent:

> En se comportant comme si la Shoah ne concernait que nous (les Israéliens), nous avons raté l'occasion de la transformer en quelque chose d'intemporel qui concerne tous les êtres humains. Elle aurait pu constituer l'élément qui distingue les bons des mauvais parmi toutes les nations, et non un mur érigé entre nous et le reste du monde. Nous nous sommes approprié la Shoah sans laisser personne s'en approcher, nous nous conduisons comme si c'était notre monopole [...].
>
> [L]a Shoah concerne le monde entier et pas seulement nous. La charge est trop importante pour être portée uniquement par le peuple juif. Si la conscience de la Shoah appartenait à tous, elle formerait une forte coalition pour éviter les massacres partout dans le monde. Le Rwanda nous concerne, et le Cambodge n'est que le pendant asiatique des souffrances de nos frères à Varsovie ou à Bialystok.

Il n'y a aucune différence entre un Juif et un Noir, un Asiatique et un persécuté pour quelque autre raison que ce soit, où qu'ils soient.

Lorsque j'ai écrit *Le ciel de Bay City*, je crois avoir voulu montrer (s'il est possible de montrer quelque chose) que la Shoah avait aussi été vécue là-bas, dans un bled du Michigan des années soixante, par une jeune fille qui n'avait jamais mis les pieds ni en Europe ni en Israël. Dans le ciel de l'Amérique, au Michigan, en Arkansas ou en Oregon, flottaient et flottent encore de gros nuages venus d'Auschwitz prêts à déverser des pluies de larmes. J'ai pensé dire dans mon livre que la Shoah n'avait pas pour seul mémorial l'État d'Israël et que le sous-sol d'une maison du Michigan était aussi un monument aux morts. Toute l'Amérique, tout l'Occident portent en eux quelque chose de l'horreur de la Shoah et des autres holocaustes de ce monde. J'ai voulu avancer, il me semble, si je me souviens bien, que certains de nos gestes, certains de nos actes, ici, loin de « là-bas », loin d'Israël, étaient conditionnés par le souvenir et aussi par le travail de l'oubli inscrit à même nos corps. Nous sommes, nous Occidentaux (et il y a une souffrance à dire ce « nous »), que nous le voulions ou non, des héritiers fous de la Shoah, bien embarrassés de ce legs que nous ne savons que répéter, sans le voir, tellement nous sommes occupés à en dire l'unicité.

Durant un colloque où je suis allée l'été dernier en France, un conférencier racontait avec beaucoup d'émotion comment les récits de l'accident nucléaire de Tchernobyl avait pour référence explicite la Shoah, pour faire signe à un impossible qui pourtant a déjà eu lieu tant de fois... Juste après la conférence, des gens dans la salle se sont insurgés, révoltés par le fait qu'avait été esquissé un rapprochement entre l'accident sur un réacteur et l'extermination des Juifs par les nazis. Il y avait là pour certains un manque d'éthique qui motivait leur désir de censure. Le propos du conférencier n'était bien sûr pas là. Il s'agissait pour lui de constater que les témoins de Tchernobyl n'avaient trouvé d'autre façon de parler de ce qu'ils avaient vu qu'en évoquant la Shoah. Faut-il condamner les gens d'avoir pensé à ces autres morts, alors qu'ils voyaient leur propre fin venir ? La Shoah est, selon plusieurs, unique, irreprésentable, n'appellerait aucune comparaison et demanderait le silence. Aucun sensationnalisme ne devrait accompagner ses représentations, son souvenir. Faudrait-il en arriver à interdire ses images dans nos rêves ?

Si j'ai le plus grand respect pour le film *Shoah* de Claude Lanzmann, je ne ressens pas l'envie de cracher pour autant sur *La liste de Schindler* de Spielberg ou sur *Les bienveillantes* de Jonathan Littell. Il n'y a pas une bonne façon de se souvenir. L'Histoire de cette planète appartient à tous les êtres, à tous les peuples et nous sommes tous concernés par les choses ignobles qui se passent ailleurs. Il me semble que la lecture des journaux et des sites d'informations sur Internet nous rappelle chaque jour la souffrance de par le monde. Personne ne lit les désastres au Darfour ou au Rwanda pour simplement s'informer. Il y a dans ces lectures distraites ou passionnées le tissage d'un fil ténu qui relie les humains. Il ne faut pas penser que nous lisions, blasés, le malheur des autres. Ce n'est pas parce qu'on a une tasse de café à la main et qu'on mange une tartine de confiture, qu'on lit les catastrophes de ce monde sans émotion. Je sais que quelque chose de bon, de grand, sort parfois de ces lectures étourdies. Un engagement, un combat, une révolte et une alliance germent aussi ainsi. Je sais qu'il nous arrive d'être touchés par ce que nous lisons et que cela ne reste pas lettre morte en nous... Il y a en moi la croyance idiote, désespérée, en quelque chose comme notre humanité (qui peut inclure d'ailleurs les bêtes...) et je mourrai naïve. C'est, du moins, ce que je me souhaite de mieux.

Cette naïveté m'empêche de croire que les artistes qui «utilisent» la Shoah sont des exploiteurs de bons sentiments ou des désespérés en quête de reconnaissance. Je fais confiance à ceux qui travaillent sur ces sujets et je pense très sincèrement qu'ils paient de leur personne les choix qui s'imposent à eux, dans l'urgence et la nécessité. Celui qui écrit sur la Shoah ou sur les malheurs de ce monde ne le fait pas parce qu'il flaire le succès ou pour s'amuser, comme on le laisse entendre de façon sournoise. Malgré ma candeur, j'affirme que devant ces discours sur l'utilisation de la Shoah et sur la censure face à la représentation, j'ai un combat politique à mener. Peut-on imaginer qu'il y a une humanité à retrouver dans le partage des malheurs de ce monde, qu'il est possible de porter un peu de la souffrance des autres, de la faire connaître et de la représenter même imparfaitement? Peut-on aussi penser qu'on peut lutter avec d'autres? «À chacun ses souvenirs, à chacun son ethnie, à chacun son combat!» Par cela, je suis radicalement horrifiée. Nous avons le devoir de choisir nos communautés, nos filiations réelles ou imaginaires.

Avraham Burg, fils d'un membre du Parti national religieux d'Israël, ex-membre de la Knesset, aurait dit lors d'un débat avec le philosophe Finkelkraut: «Si le dalaï-lama et le rabbin raciste Kahane tombent à l'eau et que je ne peux en sauver qu'un, je sauve le dalaï-lama, parce qu'il est mon frère dans le système de valeurs qui est le mien.»

Cette déclaration me met de bonne humeur. Dans ce choix hypothétique, presque parodique, de celui que demande Salomon, Burg privilégie les valeurs communes plutôt qu'une appartenance religieuse. Pourtant, dans les interstices de cette déclaration, on comprend que sans ce choix à faire, choix improbable, choix biblique, Burg sauverait les deux hommes, le frère et l'ennemi. Il tendrait la main à celui qu'il condamne.

Décidément, cela me fait rigoler. Les petits détails de la sorte renouvellent sans cesse ma foi en nous et encouragent, Dieu merci, ma naïveté.

L'insoutenable légèreté de l'être

« *They lost 487 lbs.* » Ce sont ces mots que portait la revue qui me faisait des clins d'œil invitants à la pharmacie l'autre jour. Une perte de quatre cent quatre-vingt-sept livres, c'est impressionnant et je me demandais bien quelles étaient les nombreuses stars si obèses qui avaient pu perdre chacune autant de livres. Je pris alors le magazine dans mes mains, le feuilletai avidement pour découvrir que le nombre quatre cent quatre-vingt-sept livres représentait le total des livres perdues par une dizaine d'acteurs et actrices dans les derniers mois. C'était un peu moins spectaculaire que je ne l'avais imaginé...

Si on a plutôt tendance à concevoir le poids comme un problème individuel, personnel, le monde actuel nous force à penser le poids collectif de façon tout à fait nouvelle. Dans une ville des États-Unis, Oklahoma City, où l'obésité sévit de telle sorte que la cité s'est retrouvée sur la liste des villes les plus obèses du territoire américain, le maire Cornett voulait faire suivre à sa ville une cure d'amaigrissement pour réduire le taux de mortalité qu'occasionnent souvent les maladies coronariennes. Cornett tenait à faire perdre un million de livres à ses concitoyens durant l'année 2008, et créer ainsi une communauté solidaire du régime ou encore un sentiment de défi général, de bien commun. Le maire aurait pu avoir une cause plus noble : dans son État, l'Oklahoma, quatre-vingt-huit détenus ont été exécutés depuis 1976 et la peine de mort sévit encore. Trois personnes ont été ainsi assassinées par l'État en 2007, et deux en 2008. Mais de cela, le maire se moque. Les criminels maigrissent en prison et ne représentent donc pas un *challenge*. Le maire préfère penser à la santé de ses électeurs. Tout le monde a donc été appelé à faire un effort pour que la ville soit moins lourde, moins grasse, ce qui ne faisait pas nécessairement plaisir aux propriétaires de restaurants et de supermarchés. Mais ceux-ci ont vite été soulagés de constater que le défi du maire n'a pas suscité l'enthousiasme urbain et n'a surtout pas permis la perte pondérale prévue. Bien que vingt-cinq mille personnes se soient inscrites sur le site thiscityisgoingonadiet.com, la ville n'a perdu que trois cent un mille livres, ce qui est peu quand on y pense, d'autant qu'un couple de résidents a perdu presque deux cents livres à deux, ce qui ne laisse que trois cent mille huit cents livres à faire fondre par les vingt quatre mille neuf cent quatre-vingt dix-huit autres participants. Néanmoins, cette année, le maire a remis cela et a relancé l'affaire en se faisant photographier le premier janvier avec une grosse otarie au zoo d'Oklahoma City, puisque les éléphants de 2008 ne lui avaient pas porté chance.

Une amie me racontait qu'à son travail, les infirmières de son unité avaient lancé un concours de la sorte contre les infirmières d'un autre service de l'hôpital. Une émission de télé demande à des acteurs et actrices avec des problèmes de poids de former des équipes avec des gens ordinaires qui veulent maigrir. On pèse dans une immense balance chaque équipe au début du processus, puis à la fin, quelques semaines plus tard, on repèse les deux équipes et celle qui a perdu le plus de livres l'emporte. Il existe aussi de tels concours télévisuels pour des couples qui s'affrontent à coups de kilos perdus et l'expression *losers* n'est plus utilisée à la télé américaine que pour parler de ceux qui ont maigri. Il faut désormais perdre pour gagner, ce qui ne semble pas si facile dans une nation de *winners*. Les *beautiful losers* ne sont plus ce qu'ils étaient.

Le poids, dans ces circonstances, ne concerne plus seulement ma personne et ma vie individuelle, privée, il devient une morale, un état de civisme. À Oklahoma City, on peut imaginer ainsi qu'il devient possible de réprimander toute femme rondelette croisée dans la rue ou dans un centre d'achats ou encore d'enguirlander un homme bedonnant au nom de l'honneur de la Cité. Je me sens coupable d'avaler mon sac de chips. C'est le sort de mon équipe, de ma communauté, de mon couple, de ma famille qui se trouve en jeu dans la mastication active et bruyante de mes chips au vinaigre. Le bien collectif (puisqu'il faut le nommer) et la honte sociale devraient assurer une forme de réussite là où toutes les tentatives individuelles ont échoué et où tous les régimes m'ont fait prendre quelques kilos.

La question du poids d'un groupe, d'une collectivité et éventuellement d'une nation est importante quand les corps sont pensés dans le rapport qu'ils entretiennent avec la machine et la technologie. Récemment, alors que je prenais l'avion, une voix bilingue nous a indiqué qu'il y avait un surplus de poids pour l'appareil et qu'on allait remédier à la situation. L'équipe de basketball qui était à bord et dont les joueurs ne pouvaient ranger leurs jambes derrière le siège avant et les laissaient donc nonchalamment dépasser dans le couloir, s'est soudain sentie coupable. Moi-même, je me suis dit que j'aurais dû peut-être moins manger de pain dans les derniers jours. Un joueur de sept pieds qui avait dû s'agenouiller pour parvenir à sa place a rigolé en lançant à la ronde : « Heureusement que nous ne sommes pas une équipe de lutteurs de sumo. » À l'intérieur d'un ascenseur que j'utilisais dans un lieu public, la voix (mécanique celle-là) nous avertit alors que nous appuyions en vain sur le bouton de l'étage désiré, que nous avions dépassé le poids maximum que l'ascenseur pouvait déplacer. Tout à coup, tous les occupants de l'ascenseur prirent conscience de leurs voisins. Nous regardâmes avec haine une ou deux personnes particulièrement obèses, et c'est un homme très fort qui dut sortir de l'ascenseur et attendre le suivant. Cet homme était tout à coup devenu notre ennemi commun, la figure de notre mal social. Penser le poids comme chose collective nous vient peut-être alors d'une généralisation d'une forme de technique capable de tenir compte des corps humains, comme masse, sans référence à leur singularité, leur différence. Ces techniques sont aptes à prévoir la survie et la préservation d'une grande quantité approximative de gens, mais sont aussi aptes à penser leur élimination (un horrible retour du refoulé...). Les corps deviennent alors anonymes et doivent se soumettre de façon générale aux diktats de leur adéquation.

On devrait analyser de façon scrupuleuse les liens entre le capitalisme, la production, la dépense et le stockage de calories dans la société et réfléchir si là encore, il n'y a pas une situation de crise. Les gens consomment de la bouffe plus que leur corps ne peut en prendre et il faut s'attendre là comme ailleurs à un krach quelconque, collectif. J'aimerais savoir si dans les temps de récession les gens ingurgitent davantage de nourriture ou non. Je ne parle pas ici de ceux qui crèvent de faim de par le monde et à côté de chez moi, mais actuellement dans la classe moyenne qui est en train de se serrer la ceinture, réduit-on les calories ou assiste-t-on, comme c'est le cas pour les films pornographiques très en demande en ce moment, à un appétit plus grand de la chair? À la télévision, un couple, vidéos à la main, expliquait à une journaliste que la vidéo porno leur faisait faire des économies en leur permettant de rester à la maison et d'éviter ainsi les dépenses d'une soirée au resto ou au cinéma. Un type avouait que la location d'un film porno lui coûtait moins cher qu'une copine...

Et l'argent n'est-il pas l'enjeu, pour beaucoup de gens, de la surconsommation de nourriture? En effet, et malgré ce que l'on croit, il coûte moins cher de manger au fast-food que de préparer chez soi des aliments «sains», hypocaloriques et recommandés par le guide alimentaire canadien. Les combos, frites, hamburgers et gros Pepsi font des miracles pour le porte-monnaie et donnent des centaines de calories pour peu de sous. On a ainsi l'impression de faire des réserves, de capitaliser sur tous les plans. Le gras ne nous ruinera pas, il nous enrichira.

Comme le prédit mon amie Lucille, «le gras vaincra», parce qu'il est au cœur de nos économies sociale, affective et collective.

C'est la faute à Rousseau

J'ai appris, durant ma formation de littéraire, quelques
histoires sur les écrivains. L'apprentissage très rigoureux
d'une étudiante de baccalauréat en littérature est ponctué
d'anecdotes qui lui enseignent des choses édifiantes :
Balzac buvait du café, Rimbaud vendait des armes et avait
des querelles d'amoureux avec Verlaine, Proust dormait
le jour et Marguerite Yourcenar vivait avec une femme
aux États-Unis. Pour le professeur, ces historiettes permettent de rendre le cours vivant et travaillent de telle
sorte que les étudiantes se souviennent de quelque chose.
Il y aurait à faire une anthologie de ces morceaux de vie
d'écrivains, de ces lieux communs de l'éducation en
lettres en s'inspirant par exemple du *Dictionnaire des idées
reçues* de Flaubert. Des étudiants qui s'ennuient dans les
classes trouveraient là peut-être un réel projet, qui révéle-
rait beaucoup sur l'enseignement de la littérature à l'heure
actuelle. On pourrait même faire un historique de ces
récits propices à la formation.

Une de ces histoires que l'on raconte aux adolescents
pour mieux les réveiller dans les cours m'a particulièrement perturbée lorsque j'étais jeune. On répète *ad nau-
seam* dans les cours de littérature le récit bien triste de la

progéniture de Rousseau. Bien qu'il ait été le rédacteur d'un traité d'éducation, *Émile*, Rousseau aurait abandonné ses enfants. Il les aurait mis à l'assistance publique. Longtemps, avec mes professeurs, j'ai trouvé dans ce récit de quoi dénoncer le gouffre qui sépare la théorie de la pratique. J'étais prête à lancer la pierre à Rousseau et à l'attendre au coin du bois qu'il aime tant, pour mieux lui casser la gueule, lors d'une de ses célèbres promenades en solitaire où il n'y aurait pas eu de témoin. Et puis, un jour je me suis dit bêtement en lisant Thomas Bernhard, mon maître : Ça suffit! Mais quoi? Faudrait-il que Thomas Bernhard n'attaque pas l'Autriche parce qu'il est autrichien, que Proust ne décrive pas méchamment parfois les pratiques homosexuelles alors qu'il aurait pu être lui-même la cible cachée de ses moqueries? Aurait-il fallu que Rousseau écrive un manifeste en faveur de l'abandon des enfants ou fallait-il qu'il s'empêche d'écrire *Le Contrat social* parce qu'il n'était pas un homme parfait, un modèle de père? S'agit-il pour les littéraires de penser que Rousseau est un hypocrite ou plutôt de réfléchir à ce qu'est vraiment la littérature comme espace utopique?

L'autre jour, dans un cours de création sur les formes de l'essai que j'enseigne, je suis retombée d'une façon fort étrange sur une variante du récit trop familier des «orphelins» de Rousseau. Une étudiante a confié à la classe ne pas avoir été jusqu'au bout de sa pensée et de sa critique. Elle se sentait imposteur. D'où pouvait-elle s'octroyer le droit de condamner les autres et de les fustiger, elle qui tombe facilement dans les travers qu'elle condamne?

Comment se donner le pouvoir de juger un texte quand je sais bien que ce que j'écris me met, par les actions que je pose tous les jours, sur le banc des accusés ? Comment puis-je soutenir une idée dans mes écrits alors que la violence critique que j'y déploie me crucifie à mes propres yeux et me condamnerait aux enfers ? Que répondre à cette peur de faire un texte prétentieux où je prêcherais ce que je suis incapable de mettre en pratique ?

J'ai envie de dire qu'il y a un danger pire que celui de ne pas être à la hauteur de ce qu'on écrit, c'est celui de faire des textes où l'on pourrait se reconnaître totalement. Des textes aussi médiocres que nous et nos vies. Que serait un livre qui coïnciderait parfaitement avec les tribulations insignifiantes de son auteur ? La littérature n'est-elle pas là pour nous faire entrevoir à tous et à toutes quelque chose de plus grand que nous ? Et quelle est cette obsession contemporaine de la réalité qui voudrait qu'on ne décolle pas de celle-ci et qu'on ne puisse ouvrir la bouche et prendre la plume que pour se prendre comme modèle ? La littérature n'est pas une émission de télé-réalité, pas plus qu'une entrevue avec l'auteur. Un texte (même un essai) n'a pas à donner en exemple l'homme ou la femme qui l'écrit ou à se conformer aux petites possibilités de nos existences. Je préfère le Rousseau du *Contrat social* qui a abandonné ses enfants à celui qui nous promet de se mettre à nu dans ses *Confessions*. Rousseau savait qu'il n'avait pas besoin de descendants. Il se doutait qu'il serait le père des récits du moi. Il a eu une sacrée descendance dans la littérature qui fait le coup de la vérité, du documentaire et de la «tranche de vie».

Pourtant, si la littérature est plus grande que nous, cela ne veut pas dire qu'elle doit être morale. Je vois mal la littérature en *preacher* américain ou encore en pape qui distribuerait des indulgences. Elle n'a donc pas uniquement à montrer un idéal, mais elle peut au contraire faire dans le laid, le vulgaire, le grotesque et l'ignoble. Ceci pose la question beaucoup plus générale de la différence entre la littérature et la philosophie. Pour Michel Surya, écrivain et intellectuel français, la philosophie aurait honte de ce qui en elle n'est pas la pensée. Elle repousse donc cette honte, en restant dans le rationnel. En cela la philosophie traditionnelle, celle que nous connaissons, fuirait sa honte alors que la littérature ne pourrait se soustraire tout à fait, ou encore pas de la même façon, à la honte, à la contradiction, à l'irrationnel, le grand comme le petit.

Dans la honte que porte la littérature, il faut sûrement entendre ce que Deleuze dit dans le film *L'Abécédaire*. Pour Deleuze, philosophe, la littérature peut parler pour ce qui n'a pas de façon évidente la parole et pour ceux et celles qui ne peuvent parler: les fous, les idiots, les enfants, les morts, les animaux, les pierres. La littérature parle pour le mineur, pour Joséphine la cantatrice de Kafka et son peuple, pour un gros insecte qui répond au nom de Grégoire Samsa dans *La métamorphose*, pour l'orignal épormyable de Gauvreau, pour Alice au pays des merveilles, pour les jumeaux du *Grand Cahier* ou encore pour le Bartleby de Melville qui aurait préféré, sans trop de conviction d'ailleurs, ne pas faire partie de la littérature. Dans ce parler au nom de l'autre, la littérature se fait ventriloque du bégaiement. Elle n'a donc rien à voir avec le moi ou ses faiblesses. La littérature, est-il utile de le préciser, ne défend pas la cause des fous, des enfants, des morts, des animaux ou des idiots... Elle n'est pas la Charte des droits. Il ne s'agit pas de faire de celle-ci un instrument asservi à un discours. Son rapport à l'idiotie, au mineur, à l'enfant, à l'animal ou au non-dit n'est jamais un rapport simple, un rapport de plénitude. La littérature n'est jamais aussi idiote qu'elle le voudrait, ou jamais aussi bête qu'une bête qui, elle, sait se taire. Elle garde en elle un sentiment de honte, un sentiment de malaise, de tromperie face à ceux à qui elle donne la parole, en bredouillant. Et ainsi elle risque le pire : elle peut perdre parfois toute grandeur, toute élévation, se couvrir de ridicule. Parler tout aussi bien pour le nazi, le criminel, le monstrueux, comme Jonathan Littell l'a fait dans ses *Bienveillantes*. Elle n'a pas de cause intrinsèque à sa nature. Elle se tient dans le sous-sol avec Dostoïevski ou dans l'air pur éthéré d'un Mallarmé. Indifféremment. « Qui n'est pas humilié par ce qu'il écrit, qui n'en a pas honte fait autre chose qu'écrire », écrit si justement Surya. C'est ce que je voudrais apprendre à mes étudiants en création. Mais comment enseigner la honte, pas celle de la paresse et de la mauvaise foi, mais celle d'un devoir accompli qui reste néanmoins pourtant bien au-dessous de ses propres idéaux?

On me dira que certains écrivains n'ont pas honte. Cela est bien certain. Tant pis pour eux! Mais la littérature, elle, oui, reste honteuse. Elle ne peut être un simple aveu rédempteur ni une accusation en règle, pas plus que la défense grandiose d'un sujet. En elle, rien de pur: elle porte trop de contradictions... C'est pourquoi il nous faut prendre très au sérieux ces mots de Surya:

> Quiconque a confiance dans la littérature ne lui demande pas que ce qu'elle peut. Il y a lieu de dire: ce que peut la littérature est tout ce pour quoi il y a lieu de l'avoir en horreur. Il faut que la littérature horrifie pour que ceux qui ne l'ont pas en horreur l'abandonnent. La littérature plaît trop: il est anormal que lire plaise. C'est-à-dire, il est anormal qu'il y ait tant de gens pour qui lire soit encore un plaisir, même s'ils sont peu. Lire n'est pas fait pour tenir lieu de plaisir à qui que ce soit.

Lire n'est pas une partie de plaisir. Écrire non plus.

Que ceux qui veulent sauver la littérature en en faisant un divertissement l'apprennent. Et surtout qu'on se le tienne pour dit.

Les humiliés

J'ai été élevée dans l'humiliation. Enfant, la vexation systématique était ce que les gens autour de moi avaient trouvé pour me donner une éducation. Déjà, à l'école primaire, le dispositif d'apprentissage était là pour briser tout ce qu'il y avait d'orgueil en nous : les remises de récompenses et de prix, les noms déclamés tout haut dans l'ordre croissant ou décroissant des notes (selon l'humeur du prof), les coups de règle, les fessées, les bonnets d'âne et les promenades à travers l'école où l'on donnait certains enfants en exemple de l'abject ou de la faute d'orthographe, tout était fait pour que nous sachions notre place, que nous « prenions notre trou »...

Contrairement à bon nombre de mes contemporains, je ne garde de ces années aucune nostalgie. Ce n'était pas le bon vieux temps de la discipline où l'on apprenait aux enfants la vie, où les bons éléments étaient judicieusement séparés des mauvais et où les pommes pourries étaient jetées vite hors du panier afin que l'élite existe. C'était une époque triste, déplorable, où même ceux et celles qui avaient de la facilité à l'école avaient l'impression d'être perpétuellement offensés, méprisés. J'avais beau être bonne en classe, je trouvais humiliant de devoir me soumettre à ces rituels de récompense et de punition que je considérais simplement comme de l'abus de pouvoir.

Je garde de l'enfance cette impression de toujours ravaler mes larmes, mes vomis et les crachats que j'ai envie de lancer au visage de mes «maîtres». Dans les années soixante, je me contiens, j'avale. J'ingurgite ma honte d'exister, d'être. Je deviens soumise à un ordre que les circonstances me forcent à croire naturel et dans lequel mon esprit rebelle est vu, malgré tout, comme une menace.

«On n'apprend plus aux élèves la discipline, le respect et le latin...» Oui, peut-être. Mais je ne pense pas que nous ayons perdu pour autant notre capacité à enseigner la soumission. Notre pouvoir vexatoire, éducatif, quotidien, est intact. Par d'autres détours, nous continuons à apprendre aux petits et aux plus grands la soumission à ce qui est inacceptable.

En fait, ce qui m'inquiète dans cette tendance à l'acceptation de l'humiliation anodine est le ressentiment qu'elle met en place. L'autre jour, lors d'une conversation, un inconnu me disait qu'il fallait que son fils s'habitue à être humilié, parce que c'est là le lot journalier de tous. La vie serait une longue humiliation. Oui, mais je ne me fais pas encore à cette idée. On n'a pas dû assez m'humilier! Encore un effort! Quelque chose en moi résiste à accepter ma condition humaine. Faudrait-il se rebeller et penser à chaque geste anodin que nous vivons? Oui, je le crois. Ce serait bien sûr invivable. Mais la soumission perpétuelle qui est notre lot ne me semble guère plus habitable. Je pense souvent à l'histoire de cette jeune fille juive à qui l'on demande dans un camp de concentration de faire la file avant d'entrer dans la chambre à gaz. La jeune fille qui n'a plus rien à perdre s'assoit par terre et défait le bel ordre nazi. Un soldat en colère vient l'engueuler et lui demande aussitôt de quitter le rang qu'elle détruit par son action... Ce soldat avait un souci de l'esthétique... Cette jeune fille, dont le nom avait déjà été coché par un fonctionnaire sur la liste des assassinés, était donc officiellement déjà tuée. Ainsi elle put survivre à la guerre en se cachant. La rébellion ne nous sauve pas toujours la vie. Cette gamine aurait pu finir avec une balle dans la tête qu'un Allemand mécontent aurait tirée sans y penser. Mais je préfère encore mourir en luttant un peu qu'en acceptant mon sort.

Des amis me racontaient une anecdote amusante. Un collègue d'une autre université qui prend sa retraite cette année, un homme cultivé et un extraordinaire professeur, a dû, au dernier cours de sa carrière, subir les évaluations anonymes (objectivité oblige...) de ses étudiants. Personne, bien sûr, ne pensait à mal. Le système simplement veut que tous les enseignants soient évalués... Ne pourrait-on pas s'interroger un peu (comme certains étudiants l'ont fait, il faut le souligner) sur le bien-fondé de telles évaluations qui ne servent précisément qu'à maintenir le professeur dans un état de surveillance au sein de sa propre institution, surveillance que les étudiants exercent gratuitement, avec zèle et bonne foi? Que les institutions du savoir veuillent humilier les professeurs par de petites vexations est bien normal, mais demander aux étudiants de les aider à faire ce travail, s'humiliant ainsi eux-mêmes sans s'en apercevoir, relève d'un coup de génie institutionnel, que seule notre habitude de l'humiliation et de la petite revanche sur nos supérieurs expliquent.

Les communistes chinois avaient cette idée malsaine de demander aux intellectuels de faire des travaux manuels afin que ceux-ci n'oublient jamais leurs limites. Il s'agissait, malgré tout, d'humilier un peu ceux qui pensaient. Nous avons trouvé dans nos sociétés des moyens tout aussi puissants et beaucoup plus habiles pour que la pensée subisse toutes les vexations possibles.

J'ai promis à mon amie Angela d'écrire un jour un texte sur notre humiliation commune (somme toute banale) comme intellectuelles dans la société actuelle. Née en Roumanie, sous le régime communiste, avec un père barbier qui veillait sur la virginité de sa fille et une mère coiffeuse dans un petit salon, Angela connaît tout de l'humiliation. En fuyant illégalement la Roumanie et en venant faire des études ici, elle voulait sortir de sa condition et devenir littéraire et philosophe. Angela est devenue, après bien des vexations, professeure à l'université. Mais il ne faudrait pas croire qu'avec l'obtention d'un poste s'arrête l'histoire de cette humiliée. Le système d'éducation ne permet plus aux intellectuels de croire en quelque chose comme la grandeur des études et du savoir. La surveillance que les pairs, les comités, les promotions, le dispositif des publications et le rythme de production exercent ne permet pas du tout aux êtres d'avoir une pensée libre. La standardisation d'une certaine forme d'intelligence, la plus banale, garantit aux plus médiocres et conventionnelles pensées des lauriers. Les mots « recherche », « sciences », que nous répétons à qui mieux mieux en ce moment ne sont là que pour cacher un malaise croissant en sciences humaines. Devant la perte de pouvoir des facultés d'arts et lettres, il s'agit pour les intellectuels des « sciences molles » de se faire croire qu'ils possèdent le discours des sciences pures (qu'ils ne font que copier) et de justifier ainsi leur domaine de recherche « scientifique ». Or, je pense que cette position constitue la pire humiliation que les intellectuels puissent s'infliger. Devant les sciences, nous, intellectuels, ferons toujours piètre figure.

Nos « pitreries » ne doivent pas essayer d'entrer en compétition avec les questions que pose la recherche en sciences. Ce genre de comparaison ne peut en aucun cas tourner à l'avantage des sciences humaines et des arts et lettres. Il faut, au contraire, soutenir avec fierté une spécificité de notre travail d'intellectuel et ne pas tenter de dire que oui, nous aussi nous apportons beaucoup à l'esprit scientifique tel qu'il est défini. Ce serait faux. En revanche, les sciences humaines, les arts et les lettres contribuent grandement à la culture, à un type de pensée nécessaire à la société et plus généralement à la vie. Et il faut leur redonner leur juste place dans l'espace social.

Malgré les coupures dans les subventions et la haine qu'exerce le gouvernement conservateur contre la pensée, il ne faut en aucun cas tomber dans le piège qui est tendu à la réflexion et se replier sur une position purement «scientifique». À long terme, cela signerait la mort des disciplines de lettres et sciences humaines. Il faut simplement encore et toujours défendre la culture.

Je ne sais pas, Angela, si j'arriverai à écrire le livre que je nous ai promis sur les humiliés. Mais avec toi, je continue à montrer un peu les dents.

Comme tu le sais, la vie est faite de grandes humiliations, mais aussi de petites victoires. Ce sont ces minuscules combats que je mène. Avec toi.

Par l'exemple

Les biographies sont, il me semble, à la mode. En voyage, partout où je me tourne, je vois des nez plongés dans des histoires de réussite : celles de Michael Phelps, de Barack Obama, de Georges Soros, d'Hillary Clinton ou de Barbara Walters. Où que j'aille, j'aperçois des corps dodelinant de la tête alors que celle-ci suit avec passion les hauts et les bas d'une vie remarquable qu'il s'agit d'admirer ou même d'imiter. Le récit de vie n'a pas simplement envahi l'auto-fiction que les lettrés ou les universitaires décrient en y voyant la fin de la littérature, il est partie prenante de la culture populaire et de la formation de millions de gens qui voient dans l'exemple, le modèle que leur offre « une semblable » ou encore « un frère » la possibilité de devenir quelqu'un, de sortir de la grisaille de leur vie et de se donner un idéal ou un rêve réalisable.

Contrairement à la croyance intellectuelle qui veut que les gens se retrouvent dépossédés de leur être par le leurre que constitue l'accès immédiat à l'existence nébuleuse et mensongère d'autrui, la biographie remplit, à mon avis, une fonction sociale importante, nécessaire et formatrice dans un monde où la question de l'exemple et du modèle veut être effacée à jamais et où personne dans la sphère du savoir ne tient à occuper de façon manifeste bien sûr, une position d'autorité (ce qui n'est pas sans laisser beaucoup de place à de nombreuses formes de perversion). Toute fascination pour l'enseignante ou l'éducateur est vue comme suspecte. J'entends sans cesse dire à l'université que les professeurs ne sont pas des psychologues, des parents, mais simplement des lecteurs, des pairs...

Le savoir, et c'est particulièrement frappant dans les sciences humaines, se refuse à penser ses moyens de transmission. On préfère parler des «outils pédagogiques». Les sciences humaines ont honte de ce qu'elles ont été, de ce qui les a fondées, c'est-à-dire qu'elles refusent toute humanité en elles. La vie ne fait plus partie de ce qui est à enseigner et dans ce dispositif ennuyeux que constitue la simple passation de connaissances s'effectuant sans partage de l'expérience, les disciplines s'épuisent et le savoir devient caduc. Il ne faut pas imaginer que la défection des sciences humaines vient du fait que les jeunes veulent une job et font des études parce qu'ils sont pragmatiques et sans idéal, comme on l'entend dire bêtement. Ce n'est absolument pas ce que mon expérience me montre. Il me semble que c'est plutôt que les sciences humaines ne sont pas capables de remplir leur vrai rôle. En elles, il n'y a plus guère d'idéal humain et c'est dans d'autres domaines du savoir que les étudiants peuvent apprendre à vivre. Je ne parle pas ici bien sûr de parsemer les cours d'anecdotes pour les rendre plus agréables, plus conviviaux... De cela, évidemment, les professeurs sont capables. Ce sont de grands rhétoriciens, de redoutables séducteurs. Je pense davantage à la position exemplaire que les professeurs se refusent à prendre et pour laquelle ils montrent une aversion absolue tout en ne se privant pas pourtant des avantages que donne l'autorité qu'ils disent modestement ne pas avoir.

Ma fille suit des cours de karaté depuis un an. Elle a reçu des conseils et des réflexions sur la vie, le devoir, la responsabilité, le développement de soi plus importants que ceux que j'ai eus durant mes sept années à l'université. Même dans les cours de yoga, les professeurs sont là à donner l'exemple de leur vie, de leur expérience. On a beau se gausser dans les milieux savants de cette culture populaire qui cherche des dieux, et surtout s'enorgueillir de ne pas tomber dans l'idolâtrie, il n'en reste pas moins qu'il semble y avoir une nécessité humaine, pédagogique dans l'exemple. Heureusement que, lorsque j'étais étudiante, j'ai pu prendre les écrivains ou les philosophes comme modèles, parce que toute vraie fascination m'était refusée, parce que toute admiration ou encore toute proximité aurait pu me conduire au pire... Il ne s'agit pas de dire que nous avons perdu la notion de maître et que celui-ci (toujours au masculin d'ailleurs, même dans sa disparition...) est absent de nos institutions. Les choses sont encore plus complexes qu'elles ne le paraissent. C'est le lien entre la vie et le savoir qui semble avoir été coupé, tranché et c'est pour cela que l'on regarde la création littéraire ou artistique à l'université avec méfiance et dédain.

L'université n'est pourtant pas un lieu chaste d'où les réalités et les liens sociaux, affectifs, amoureux, sexuels ont été chassés. Loin de là... Mais les relations interpersonnelles ne concernent pas le savoir. Elles seraient accidentelles, à part. Dans ses cours de karaté, ma fille écoute les expériences de son *sensei*. Il y a dans la formation qui lui est transmise un rapport très important à l'expérience de celui qui « connaît sa matière » (comme on dit quand on ne sait pas quoi dire d'un prof), mais qui sait aussi et surtout de quoi la vie pourrait être faite. Dans le karaté, l'exemple à suivre est tout à fait pensé par l'institution. On s'entraîne ainsi à un mode de vie, à une philosophie.

Dans ce contexte, on ne peut s'étonner de l'importance que prennent les biographies. Si le journal à potins, comme ma mère appelait cela quand j'étais enfant, comble peut-être un désir de voyeurisme, il n'en reste pas moins que tout comme la biographie, il présente des expériences de pensée et d'existence, à travers lesquelles les êtres humains tentent d'apprendre ce qu'est la vie et les chemins à emprunter pour exister. Il n'y a pas dans les fluctuations de poids d'Oprah Winfrey ou dans les bagues Cartier offertes par Sarkozy à ses femmes un simple appétit sensationnaliste, qui ne pourrait en aucun cas être comblé par l'insignifiance des détails qu'on lui offre, mais bien plutôt une volonté d'apprendre par la vie des autres quelque leçon que seul le récit de vie, fût-il minable, donne. La biographie a quelque chose du roman de formation, du *Bildungsroman* qui aurait pas mal disparu de la « grande

[175

littérature». La biographie veut montrer l'exemple ou le contre-exemple aux contemporains, par la voix même de l'expérience. C'est pourquoi, malgré la pratique fréquente du *rewriting*, on aime mieux parler d'autobiographie qui laisse la parole à un «je» (témoin et acteur de lui-même) que de biographie. L'autobiographie témoigne d'un parcours, d'un combat, d'une douleur et d'une persévérance qui permettent à ceux et celles qui se donnent le mal de lire de penser trouver leur voie par l'exemple.

Pourquoi les intellectuels n'aiment-ils pas les biographies ou encore les récits de vie? C'est une question à laquelle il n'est pas si aisé de répondre. D'abord, je pourrais dire que les intellectuels n'aiment pas la réalité, qu'ils la fuient comme la peste. Ce n'est pas parce qu'ils sont des professeurs Tournesol, distraits ou absorbés par leurs pensées, qu'ils fuiraient le monde, mais bien plutôt parce que le savoir risque de perdre de sa prestance quand il se manifeste en direct. La pensée court alors un péril qui ne va pas avec le pouvoir conféré par la connaissance. Les *reality shows* sont la bête noire de toute la pensée actuelle, méfiante à l'égard de ce qui pourrait être la vie... Pour l'intellectuel, il faut toujours prendre du recul face à l'objet par le discours, les statistiques, la méthode. La vie brute (si elle existe, me dira-t-on...) n'est pas du domaine de la réflexion. L'histoire et la distance critique protègent de la réalité, qui ne peut être objet de connaissance. Ce seront donc à d'autres instances de parler de la vie et de créer un lien entre le savoir et l'expérience. Les années soixante-dix seraient alors le cauchemar même de l'intellectuel actuel qui n'arrête pas de se moquer du vécu. Durant cette sombre période que furent les années soixante-dix, les profs parlaient de leur apprentissage, couchaient avec leurs étudiants (ce qu'ils ne font plus...) et se perdaient dans des récits de vie. Heureusement que l'on a échappé à cela et qu'on est beaucoup plus sérieux qu'à l'époque...

Pour les littéraires, au cœur même de la haine du récit de vie se trouve aussi la question de la forme, de l'esthétique, à travers laquelle la vie doit passer pour être intéressante, acceptable. La vie des autres ne nous intéresse pas quand elle n'est pas médiatisée par l'art ou la pensée, le travail sur la matière. Ce que l'on reproche aux genres populaires, c'est précisément l'impossibilité du métadiscours, du second degré. Le « peuple » serait toujours pris dans la vie, dans une structure de leurre qu'est l'expérience, le « je », le « moi » brut, « sans aucun prisme ». L'intellectuel se croit narcissiquement capable d'échapper à son expérience et agit de telle sorte qu'il se confonde avec ce qu'il croit être l'universel, son savoir. C'est pourquoi il croit si peu au modèle qui ne peut renvoyer qu'au particulier.

C'est précisément ce lien entre l'universel et le personnel qui se fait de plus en plus mal dans nos systèmes d'éducation. D'un côté le savoir, au nom de la vérité, refuse toute réalité de l'expérience individuelle. De l'autre, la culture populaire se crispe trop souvent sur la vie, tout en n'étant pas toujours capable de sortir du particulier. Cela n'est pas sans laisser beaucoup de place aux religions et sectes en tous genres qui savent bien profiter de ce vide.

La biographie, dans le fossé qui s'installe entre l'universel et le particulier, témoigne d'un désir légitime de faire de la vie un savoir. Les institutions d'enseignement peuvent-elles comprendre qu'il y a là un exemple à suivre?

Leçons de vie

J'ai grandi dans le potinage, la rumeur et le babillage des femmes. Quand ma mère appelait ses sœurs au téléphone, elle passait en revue durant des heures tous les gens de leur village natal qu'elles avaient connus vingt ou trente ans plus tôt et se rappelaient joyeusement les tares et les coutumes de leurs semblables. Tout y passait : l'adultère, la mort subite, les bosses dans le dos, la claudication et les pieds bots, les appendicites, les ruines, les accouchements difficiles et les sympathies condamnables avec les Allemands. Il y avait le Raymond qui avait été frappé à la tête par les sabots de son cheval et ne s'en était jamais remis, la mère Dupont qui avait été foudroyée sous un pommier, à côté de son fils, alors qu'elle avait survécu aux bombardements, la charcutière qui foutait des volées à ses enfants et le gradé allemand qui cirait ses bottes dans la cuisine de ma grand-mère. Dans les récits de ma mère et de ses sœurs, je retrouvais quelque chose du monde de Maupassant ou encore de Flaubert, des morceaux vifs de la Normandie profonde dont enfant, je voyais l'ennui campagnard et pas vraiment l'intérêt. Mais il ne s'agissait jamais pour ma mère et ses sœurs de simplement se remémorer le passé. Tout finissait par une morale souvent énoncée par ma mère qui s'octroyait ce droit parce qu'elle était la plus autoritaire des filles Duchesnay. Celles-ci s'intéressaient donc aux autres pour mieux saisir une leçon de vie, pour découvrir une morale qui devait servir pour la continuation des choses, pour la perpétuation de l'espèce. Le potin se faisait fable.

Quand la fille des voisins de mes tantes est morte à dix-neuf ans d'un cancer des os, il a fallu que nous apprenions tous que «la mort d'un enfant est la pire des choses» et «qu'il n'y a pas de pareille douleur». Ma mère ne compatissait avec la souffrance des gens que pour faire vivre et illustrer son «Dictionnaire des idées reçues» avec lequel elle nous assénait la vie à grands coups de lieux communs que l'expérience lui donnait pour vrais.

Dès que nous débarquions l'été chez mes tantes, celles-ci organisaient immédiatement dès notre arrivée dans la *tv room* une séance d'informations sur le voisinage. Johnny Miller venait de quitter sa femme pour sa secrétaire et Paul Smith de se péter la gueule sur l'autoroute derrière la maison en ne laissant aucun sou à sa femme et ses trois enfants. Il faudrait que Mary se remarie, mais qui en voudrait avec les gamins? De cela, sans aucune tristesse, il fallait conclure «que les femmes doivent être indépendantes» et «qu'elles sont bien bêtes de faire confiance aux hommes». Ma mère terminait souvent ces réunions d'accueil en affirmant d'une voix forte (pour que les enfants en prennent de la graine): «Que veux-tu, les femmes sont des imbéciles! Elles ne veulent pas comprendre! Y a rien à faire! Qu'elles restent dans leur connerie!»

Ma mère ne travaillait pas et était totalement à la merci de mon père, mais son discours restait ferme. Il y avait quelque chose de solennel, de politique et de conventionnel dans ses paroles que la réalité qu'elle vivait ne pouvait altérer.

Quand ma mère était loin de ses sœurs, elle se réapprovisionnait en histoires, potins et en morales dans le *Paris Match,* le *Jours de France* et le *Point de vue* qu'elle expédiait aux États-Unis dès qu'elle le pouvait, pour partager les bonnes nouvelles. Ma mère ne voulait pas que ses sœurs restent ignorantes. Les meurtres, les disparations d'enfants, les séquestrations, les accidents d'avion, les prises d'otages, les barricades de Mai 68 se mêlaient au divorce de la sœur de la reine d'Angleterre, à l'air con du roi déchu, Constantin de Grèce, auquel ma mère comparait mon père, aux aventures extra-maritales du président de la République ou du premier ministre de France et aux amants d'une *speakerine* de la télévision française que nous n'avions jamais vue parce que nous n'avions pas le câble à l'époque.

Ma mère m'a éduquée avec ses *Paris Match.* Elle ne supportait pas la littérature, ni le cinéma qui, pour elle, ne disaient que des mensonges, des «balivernes». Seule Françoise Sagan trouvait grâce à ses yeux, parce que «cette femme ne s'éloignait jamais de la réalité...». Elle nous permettait à moi et à mon frère la télévision à cause de la vérité qui s'en dégageait, des informations que l'on pouvait y trouver, des choses édifiantes qu'elle présentait. Ma mère aimait les biographies, les événements vécus, les

combats personnels et les histoires «vraies» J'ai été trau-
matisée par les récits de viols d'enfants qu'elle me faisait
en me lisant le journal et où pour finir elle laissait tomber
péremptoirement: «Voilà ce qui arrive aux enfants qui
n'écoutent pas et qui ne reviennent pas directement de
l'école... Pauvres gamins! L'humanité est bien malade!»
Il y avait dans les paroles de ma mère, une confirmation
de ses valeurs et de sa vie que la fiction qu'elle n'aimait
pas lui aurait peut-être fait remettre en cause. Encore
aujourd'hui quand je vais chez elle, il est difficile d'échapper à la séance de potinages sur Carla Bruni, Sarkozy,
Jean-Luc Delarue ou encore Patrick Poivre d'Arvor. Je
connais le dernier resto du président, la marque de la
dernière bague de Cécilia, le dernier baiser de ce judas de
Strauss-Kahn à Anne Sinclair et la dernière beuverie de
Johnny. La vie en France m'est passée en revue et ma
mère finit toujours par me lancer, catégorique et fâchée :
«La politique française, je vais te dire, c'est du grand
guignol! Il y a de quoi rire...»

Et je ne peux qu'acquiescer parce que ma mère, malgré
tout, a souvent raison. Dans les vérités avec lesquelles ma
mère m'a assommée, il y a matière à littérature. La réalité
et la fiction se rejoignent, se courtisent. Le fait divers, le
potin, la rumeur nous enseignent souvent des choses
aussi insignifiantes et grandes que celles auxquelles la
littérature nous convie. J'ai fait l'expérience proustienne
de constater que le côté le plus maternel de ma vie était
en fait très proche de ma conception de la littérature et de
mes écrivains de prédilection. J'ai mentionné Flaubert,

Maupassant plus haut, mais je dois aussi penser ici à Céline dont la langue me rappelle sans cesse celle de ma mère. Un français argotique, vieilli, vieillot qui n'est plus là pour longtemps et que je me prends parfois à vouloir préserver dans des récits anecdotiques.

Un été, pendant que je travaillais sur le texte de Marguerite Duras *Sublime forcément sublime* publié dans les années quatre-vingt par le quotidien *Libération*, dans lequel l'écrivaine désigne la mère d'un enfant en bas âge comme infanticide, je m'étais décidée à raconter la chose à ma mère. Alors que je lui expliquais l'histoire bien compliquée, ma mère m'a interrompue en me disant: «Mais tu parles de l'affaire Gregory! Mais oui, je t'en avais lu des passages dans *Paris Match*, tu ne te rappelles plus? Et dire que c'est moi qui devrais perdre la tête, à mon âge. Mais bon... Duras avait sûrement raison, va! On n'a jamais su le fond de l'affaire, Cétipas malheureux... Mais les mères sont capables de tout.»

À cela, je ne peux qu'acquiescer. Les mères sont capables de tout.

Oui... dans la réalité, comme dans la fiction. C'est cela que j'ai appris des leçons de ma mère.

Si on allait au cinéma ?

Le spectre de 1929 hante le monde. Alors que la grande majorité des humains était encore dans les limbes le 24 octobre 1929, le jeudi noir est devenu un jour fantôme par lequel le vingt et unième siècle doit peut-être repasser. À l'apocalypse annoncée et toujours reportée, on nous a habitués. Née durant la guerre froide, petite, je faisais des exercices pour plonger dans les *shelters*, les abris nucléaires, en cas de nécessité ou dès qu'une sirène, celle du glas mondial, retentirait. Je me préparais à vivre enfermée dans un bunker climatisé le temps que les radiations disparaissent de la surface de la terre... Depuis ma jeunesse, comme tant d'autres, j'ai vécu sous la menace quotidienne, presque rassurante des guerres, des épidémies, de la famine, du terrorisme et du bioterrorisme que les discours de ma mère sur la Deuxième Guerre mondiale et un rapide coup d'œil aux journaux auraient pu rendre particulièrement effrayante. Mais le fantôme de 1929, je le connaissais peu.

Bien sûr, j'ai su qu'il y avait à l'époque des gens chanceux et riches qui pouvaient se payer une pinte de lait avec une brouette de dollars. Bien sûr, j'ai entendu parler des banquiers qui se lançaient par la fenêtre de gratte-ciel new-yorkais ou qui se logeaient une toute dernière balle (pour laquelle ils s'étaient entretués) dans la tête. Bien sûr, j'ai pu imaginer des familles entières mangeant un maigre rat qu'ils avaient trouvé, un jour de veine, dans leur appartement. Bien sûr, ma mère qui a passé sa vie à me terroriser avec des récits d'horreur n'a pas hésité à me raconter « 29 ». Elle n'avait que quatre ans à l'époque, vivait dans la grasse Normandie et n'a donc pu conserver aucun souvenir de la chose, mais elle savait de quoi il s'agissait. Quelqu'un lui avait raconté... Pourtant, bien que la Deuxième Guerre mondiale avec laquelle j'ai grandi soit très certainement la conséquence de la grande crise, j'ai passé mon existence à oublier 1929, en chassant son spectre pourtant tenace. Le spectre noir du capitalisme.

Sans que je sache pourquoi, ce fantôme-là, celui de 1929, n'a jamais été aussi présent pour moi qu'aujourd'hui. Ces jours-ci, il se fait particulièrement insistant et redoutable. De temps à autre, dans le passé, il venait me rendre visite, certes, il me faisait quelques guili-guili moqueurs, mais à l'effondrement du capitalisme, je n'ai jamais osé croire. L'Histoire est si rassurante... Après tout, nous avons gagné la guerre contre le communisme, il n'y a plus d'autres façons de penser le politique que la nôtre, le monde entier s'est rallié à la raison du plus raisonnable. Alors que nous arrive-t-il ? Il y a de quoi être surpris.

Si le mot « dépression » n'est encore utilisé que pour parler des femmes en général ou des hommes qui tuent toute leur famille avant de se suicider, il se cache, malgré tout, dans la répétition du mot « récession », véritable poudre de perlimpinpin. La dépression est à nos portes ? Je ne sais pas. Je ne suis pas économiste. Mais je remarque que de peur de la réveiller, on évite soigneusement de la nommer. Elle ne doit pas dormir bien profondément. Une kyrielle d'hommes en cravate et quelques femmes en veston seront en mesure de régler la crise qui, comme son nom l'indique, ne devrait être que passagère. Ce week-end, on se réunira en Europe pour que le vocable « dépression » ne soit pas prononcé et que la « confiance », maître-mot de ceux qui nous protègent, revienne. Le spectre de 1929 n'a pas pris une ride et joue comme un enfant heureux à nous faire peur. Bouh ! Espérons que des hommes et des femmes sinistres lui donneront une raclée.

Devant cela, je ne peux qu'annoncer ma propre dépression. Même si je ne suis pas née comme Hubert Aquin le jour du krach boursier, et qu'à la question « banquier ou écrivain ? », j'ai dû répondre vite. Étant donné mes talents pour la comptabilité, je prends en ce moment très au sérieux cette « récession » et ne me réjouis pas que le discours social et politique nous prédise le pire. « Les prochaines années seront difficiles », dit-on partout. Mais j'ai l'impression que les dernières n'étaient pas géniales...

Au lieu de me plonger dans la lecture de *Germinal* de Zola ou encore de *The Jungle* de Upton Sinclair, je me suis précipitée dans *The Great Gatsby*, où l'argent coule à flots et où le luxe est un plaisir.

Je sais qu'il serait plus à propos de me mêler imaginairement aux luttes des ouvriers ou de prendre modèle sur

Sinclair, le *muckracker* (le fouille-merde : c'est ainsi que Theodor Roosevelt avait nommé les écrivains et journalistes engagés qui dénonçaient les inégalités en Amérique du Nord), mais je préfère retourner à l'auteur de « Vivre avec trente-six mille dollars par an » (en 1924...) ou à « L'après-midi d'un écrivain » (pas mal oisif) qui me remonte le moral. Fitzgerald imagine Gatsby, le tout récent parvenu, dans une maison somptueuse. Là, Gatsby organise des fêtes gigantesques où il invite le tout-New York avant d'être retrouvé mort, flottant dans sa superbe piscine bleue. Le livre de Fitzgerald est un luxe pour moi. Je vis quelques heures dans la maison de Gatsby et en riant, je lance avec lui, dans sa chambre, les mille chemises qu'il sort de ses tiroirs pour séduire la belle Daisy de sa jeunesse. Cette scène dans le film de 1974 où l'on retrouve Robert Redford et Mia Farrow est absolument délirante. Gatsby fait dans l'ostentation et procure de la joie. La crise arrive, mais il ne la vivra pas. En attendant, il dépense, amuse les autres et dépense encore. Les nouveaux riches comme lui seront punis. Il le faut. Ils mourront assassinés ou plus tard ruinés. Les vieilles fortunes, celles des cyniques et des diplômés des plus grandes universités, s'en sortiront mieux. Les valeurs, les traditions, des biens solides mettront certains à l'abri. La dépression passera et ne fera pas les mêmes ravages partout. On le devine.

On oubliera de lire *The Great Gatsby* durant les années noires et la Deuxième Guerre mondiale. Et puis le livre connaîtra du succès dans les années cinquante quand l'espoir revivra. Pourtant... C'est lorsque tout semble morose et mort qu'il faut lire la vie de Gatsby. C'est aujourd'hui que *The Great Gatsby* combat la petitesse que l'on veut installer dans nos vies pour je ne sais quel but politique inavouable. Il faut brûler la chandelle par les deux bouts et consommer le bonheur tout de suite, parce que plus tard, il ne restera peut-être plus rien de nos économies...

Un jour, alors que Fitzgerald est marié depuis trois mois à Zelda, il découvre qu'il n'a plus un sou et qu'il doit pourtant payer le lendemain sa note d'hôtel hebdomadaire de deux cents dollars. Sa femme le voit inquiet et lui dit qu'il a l'air déprimé.

— Je ne suis pas déprimé, réplique Fitzgerald. Nous n'avons plus d'argent.

— Plus d'argent, répète Zelda quelques fois. Alors allons au cinéma !

Devant la dépression capitaliste, il faut faire comme Zelda, s'abreuver d'images, de joies, de livres et continuer à dépenser, à vivre. N'est-ce pas ce que nous a appris le système auquel nous croyons ? Seules la dépense et la confiance peuvent nous sauver, jusqu'à l'apocalypse... Il faut aller danser aux fêtes de Gatsby, jusqu'à la fin. Et cet après-midi, j'irai au cinéma avec Fitzgerald.

Une brique, un fanal, un poisson et quelques tomates rouges

Adorno, dans *Minima Moralia,* pose la question de l'impossibilité du tact dans la société moderne alors que les conventions ont disparu et que le jeu subtil avec celles-ci ne peut plus être de mise. Dans le monde actuel, une terreur se serait installée où le silence comme la prise de parole envers autrui est toujours vue comme suspecte, inadéquate. «Ainsi, écrit Adorno, en est-il du fait de demander à quelqu'un des nouvelles de sa santé: comme notre éducation ne nous demande plus de poser de question ni n'attend qu'elle soit posée, elle prend le sens d'une indiscrétion inquisitrice ou d'une offense. De même, le silence que l'on observe sur certains sujets délicats devient une indifférence vide, dès lors qu'il n'y a plus de règle définissant ce dont on peut parler et ce dont il ne faut pas parler.» Entre l'attaque et l'impassibilité à l'égard des autres, nos vies n'arrivent plus à dessiner un espace convivial où mon prochain me regarde, me concerne ou encore m'irrite. Comment, en effet, «gérer» (comme on dit) les rapports avec autrui dans un monde où la distance à l'autre n'est jamais posée de façon claire, par la hiérarchie, les règles, l'éducation, l'attachement ou même le droit à la colère, la révolte.

[189

Dans *À la recherche du temps perdu*, Proust illustre bien cette politesse toujours inadéquate, mal appliquée que l'on retrouve à l'époque moderne. Lorsque Swann leur offre une caisse de vin d'Asti, les sœurs de la grand-mère du narrateur le remercient de façon si discrète que personne ne peut comprendre l'allusion et la sincère reconnaissance qui s'expriment alors. Céline et Flora parlent en périphrases pour ne pas embarrasser Swann. Elles veulent faire preuve de tact et s'arrangent pour ne pas mettre leur invité dans une position difficile où il rougirait de sa générosité. Le grand-père du narrateur grondera à la fin de la soirée ses belles-sœurs qui n'ont pas, selon lui, remercié leur convive plein de bonté. Mais les sœurs restent toutes deux persuadées que Swann a apprécié leur tact et leur langage subtil, ce qui n'est vraisemblablement pas le cas. Elles argumentent qu'elles ne pouvaient quand même pas parler du prix du vin et commenter la quantité de bouteilles. Elles ont donc opté pour des remerciements très, très sobres, pleins de tact et surtout impénétrables. C'est dans l'absence de règles strictes, de codes précis qui prescriraient comment dire merci (envoi de fleurs à tel moment du jour, petit mot écrit le matin dès la réception du cadeau) que de tels malentendus sont possibles. Proust révèle cet état de fait avec intelligence et amusement, comme à son habitude.

Dans cette absence de règles pour parler à autrui et même d'autrui, il est impossible de dire du mal ou du bien de quelqu'un sans se faire dire que l'on « a un problème » avec celui que l'on loue ou que l'on dénigre, sans être renvoyé à du personnel, de l'idiosyncrasie et sans être soupçonné du pire. Depuis Freud, hélas, il n'y a même plus de règles pour dire du mal ou du bien des gens. Toute remarque renvoie nécessairement à mon intimité, à mon vécu ou dans le meilleur des cas, à mon inconscient. Un salaud n'est plus un salaud, mais simplement «un gars avec lequel, moi, en tant qu'individu, je ne m'entends pas». Cela ne regarde alors plus que moi. Il n'y a que des problèmes personnels, très relatifs et plus aucune règle pour détester ou punir les méchants ou au moins les ostraciser joyeusement dans une communauté de paroles.

Pourtant, il ne s'agit pas ici d'adopter une position nostalgique qui se lamenterait sur la décadence sociale, mais bien plutôt de comprendre avec la plus grande honnêteté ce qu'il peut en être maintenant des relations humaines et du bon ou du mauvais usage de la politesse ou de ce qu'il en reste.

Un jour, presque à brûle-pourpoint, Simon m'a demandé pourquoi j'étais toujours aussi polie avec les gens. Je n'ai su que répondre. Simon pensait, je crois, alors à son projet sur la méchanceté dans la littérature et s'étonnait peut-être du gouffre qui prend place entre la violence qu'il m'est possible de déployer dans les mots écrits et ce que l'on peut percevoir, à juste titre d'ailleurs, comme une grande amabilité de ma part dans ma vie publique, quotidienne, au travail ou encore avec des gens que je connais peu. À la question de Simon, je n'ai pas osé répondre en citant les mots de l'actrice et mannequin Isabella Rossellini, mots que j'avais lus dans *Elle* et qu'il me semblait déplacé de citer à Simon, dans le contexte intellectuel où nous nous trouvions... Pourtant, ce sont les paroles de Rossellini qui auraient expliqué le mieux ma politesse (quand même limitée) dans le monde. Rossellini racontait dans cette entrevue que si elle tenait toujours à rester excessivement polie et civilisée, même dans des circonstances où son interlocuteur faisait preuve de muflerie et de goujaterie, c'est qu'il lui en coûtait moins psychologiquement de demeurer souriante et gentille que de passer au ton agressif et véhément. Rossellini confiait qu'elle gardait ses colères et ses coups de gueule pour ses intimes, pour ceux avec lesquels elle entretenait une vraie relation. La politesse est une armure, une arme même. Voilà ce qu'affirmait Isabella Rossellini dans le magazine *Elle* au début des années 2000. En effet, dans le poli, le lisse de la civilité et du savoir-vivre, se construit un visage sans aspérité, sur lequel les autres ne peuvent que glisser, sans avoir de prise. La politesse a toujours constitué pour moi une façon évidente de me débarrasser des gens qui m'importunaient, de ne pas être là, de me dérober derrière une façade miroitante et particulièrement insignifiante. Ma fille me fait souvent remarquer qu'elle comprend combien je n'aime pas quelqu'un à l'obséquiosité de mes propos envers ce malheureux interlocuteur. Si les conventions ont disparu, je m'en tiens à une politesse très souvent forcée qui, dans son maniérisme, fera comprendre, je l'espère, aux importuns, de façon polie, que je ne souhaite pas continuer à les fréquenter. Bien sûr, dans cette posture que je prends, je perds beaucoup de clarté et de vérité, mais je crois que je ne dois aucune authenticité à des gens que je n'aime pas.

Enfant, avec mon frère, j'étais abonnée au prix de politesse que l'on octroyait chaque semaine à la cantine très petite-bourgeoise de mon école primaire. Ma mère avait dressé ses enfants à la dure. Nous filions droit, et les «non, madame», «oui, madame» étaient toujours de rigueur dans nos vies et nos actions. C'est aux règles maternelles que je me suis accrochée toute ma vie, mêmes quand ces règles ont pu me détruire ou détruire des gens autour de moi. Or, chaque semaine, le jeudi, la récompense pour ma politesse envers les dames qui nous servaient consistait en une crème glacée à la pistache que je détestais et que je refusais systématiquement, fermement mais très poliment afin que l'on me laisse tranquille avec ces distinctions qui faisaient l'envie de toutes mes amies. J'étais au désespoir de recevoir une crème glacée dont je ne voulais pas et je me faisais engueuler par mes camarades qui m'affirmaient que je devais accepter mon prix et le manger avec elles sans poser de question. J'ai pensé de longs mois que mes refus me débarrasseraient de la crème glacée hebdomadaire, jusqu'au jour où j'ai accepté ma récompense, l'ai partagée avec mes copines, ce qui eut pour effet de me délivrer de mon désarroi. Après ce jour, je ne gagnai plus rien. Il suffisait en fait de sourire, de dire oui pour qu'on me fiche la paix. Cette leçon, il me semble l'avoir apprise et l'avoir appliquée durant ma vie.

[193

Néanmoins, il m'arrive d'être une malapprise, de n'avoir aucun tact, de ruer dans les brancards et d'être particulièrement odieuse. Et là, ce n'est pas par excès de politesse. Il m'arrive d'exploser et de ne pas dire bonjour à quelqu'un parce que, précisément, je veux lui signifier que le pacte de non-agression et de non-intervention ne fonctionne plus pour moi et que je suis prête à sortir de la politesse feinte. Un jour, un homme qui passe son temps à dire du mal de moi là où il peut est venu vers moi pour m'embrasser devant une assemblée d'amis. Il m'était évidemment plus simple de lui tendre la joue benoîtement, mais je n'ai pas pu. Dieu sait combien il m'en a coûté de sortir de mes gonds et d'égratigner la surface polie de cette relation mondaine, insignifiante... J'ai néanmoins refusé ce baiser de judas. Avec cet homme un peu bête et surtout très pervers, j'ai eu l'impression que la politesse et l'obséquiosité exagérée ne seraient pas possibles, qu'il continuerait à vouloir me lécher la face et les bottes, tout en disant pis que pendre sur mon compte si je n'y mettais pas le holà. Il y a des gens avec lesquels la politesse ne sert à rien.

Il faudrait parfois avoir la force de Rahm Emanuel, conseiller de Barack Obama, secrétaire général de la Maison-Blanche depuis le 20 janvier 2009. Emanuel, pour régler à tout jamais un différend avec un collègue qui persistait à lui faire la conversation, lui a envoyé un poisson mort afin qu'il soit bien entendu que toute relation entre eux était définitivement rompue. J'aimerais être capable d'une telle impolitesse, d'une telle attaque. Voilà quelque chose que l'on devrait apprendre et utiliser avec les êtres pas très subtils qui nous entourent. Peut-être faut-il avoir reçu une très bonne éducation pour être capable d'un tel geste. Ma mère, malgré sa dureté, ne m'a pas assez éduquée. Peut-être que la vraie politesse et l'authentique impolitesse ne sont que le fait de bourgeois pour qui les codes sont importants, parce qu'il me semble que dans mon monde de parvenus, on ne sait guère s'envoyer paître ou être vraiment civilisés.

Néanmoins, j'aimerais que nous soyons un peu plus polis et impolis les uns envers les autres, que nous nous lancions quelques mots bien sentis ou de réels compliments, qu'il y ait de vrais débats et d'authentiques personnes. Il n'y a qu'à aller à un spectacle de théâtre au Québec pour voir combien la politesse a gagné tous les domaines. À chaque représentation d'une pièce, quelle qu'elle soit, j'assiste médusée à une ovation. Tout le monde finit debout à s'éclater les paumes. Le public est-il trop poli pour chahuter un peu les acteurs ou pour les huer ? Est-il encore possible en période de crise de ne pas aimer une représentation pour laquelle on a payé quarante dollars ? Pourquoi n'y a-t-il jamais quelqu'un dans la salle capable d'exprimer son mécontentement ? Cette politesse à l'égard du travail pas toujours bien accompli a fini par me dégoûter profondément du théâtre et de son public à l'heure actuelle. Est-ce parce qu'il n'y a plus de code de désapprobation que tout le monde se lève nerveusement à la fin d'un spectacle en applaudissant à tout rompre ? Ou encore y aurait-il là un nouveau code, inconnu de moi, qui assure qu'une pièce médiocre sera applaudie frénétiquement? Comment parvenir à retrouver des codes qui permettent de saluer ou de dénigrer publiquement une œuvre?

Si un jour on me surprend à faire la femme polie de façon un peu mièvre, qu'on ne me jette ni la pierre ni un poisson mort (je ne suis pas prête pour cela... loin de là), mais au moins qu'on me lance quelques tomates bien pourries.

Il n'est pas facile de bien désespérer

Grâce à une critique qu'en faisait Daniel Weinstock dans un numéro de la revue *Spirale*, j'ai dévoré le livre de David Benatar *Better Never to Have Been. The Harm of Coming into Existence*. Ce qu'il y a de fascinant dans ce texte, ce n'est pas tant que l'auteur soutienne que le fait de naître est toujours un mal et que la vie qui nous est donnée est un fardeau insurmontable. Cela, on pouvait le savoir en lisant des ouvrages littéraires, des textes sacrés, en écoutant la souffrance des autres ou encore en ayant une vie misérable. Certains lieux culturels ou sociaux bien circonscrits semblent aussi pouvoir accueillir la détresse psychique et l'absurdité de l'existence. Même si ces instances nous poussent à passer à travers les souffrances de la vie, il n'en reste pas moins qu'elles reconnaissent au désespoir le droit d'exister.

Avec Benatar, c'est la philosophie si rationnelle qui soutient que n'avoir jamais existé serait préférable. Benatar développe des arguments très convaincants et nous démontre que mettre des enfants au monde constitue un réel problème moral, puisque l'humanité souffrirait moins si elle n'avait pas existé ou si elle disparaissait. En ce sens, il faudrait parvenir à l'extinction de tous les êtres sensibles, même si Benatar s'attache ici pour les besoins de la démonstration aux humains. Ici, ce ne sont pas les élucubrations d'un littéraire émotif ou un peu fou, c'est un professeur de philosophie, directeur d'un département de philosophie au Cap en Afrique du Sud, qui défend ces idées avec force, conviction et réflexions logiques. Le livre est publié par Oxford University Press, ce qui n'est quand même pas tout à fait négligeable. Ce n'est donc pas un éditeur grand public en quête de sensationnalisme qui donne la parole à Benatar. Celui-ci sait que sa thèse sera impopulaire et il ne cherche pas à faire des disciples de sa pensée. Il s'en tient à développer, en vrai philosophe, ses théories. Il argumente en raisonnant et en présentant ses réflexions de façon extrêmement systématique, à l'aide parfois de graphiques.

Je peux dire que je suis tout à fait d'accord théoriquement avec la thèse de Benatar. On m'a reproché mille fois mon pessimisme, mes plaintes et mes jérémiades. Oui, j'aime les auteurs désespérés et désespérants. J'aime aussi la philosophie quand elle est tourmente. Kierkegaard me charme et l'existentialisme me tente. Mais ici, c'est la rationalité philosophique qui me trouble. Que le désespoir et le suicide éventuel soient liés à l'émotion, je le conçois, mais que la condition humaine soit analysée froidement sous la forme d'un bilan où l'on sépare le positif du négatif me met un peu mal à l'aise. Qu'une pensée aussi rationnelle sans tremblement, sans faille, prouve que l'existence est simplement à éliminer me fait, malgré mes acquiescements enthousiastes, froid dans le dos.

Pourtant, je pourrais dire que ce sont les exergues des chapitres de Benatar qui m'ont particulièrement intéressée, parce que là, je trouve que le philosophe se trahit et redevient humain. Le livre débute sur une citation que l'on prête à un Juif: « *Life is so terrible, it would have been better not to have been born. Who is so lucky? Not one in a hundred thousand.* » Benatar n'étudie pas ici les racines juives de sa pensée, parce qu'il n'est qu'un rationnel. Mais ce ne serait pas là le principal reproche que je lui ferai. Oui, je suis d'accord, la vie est terrible et nous sommes plusieurs à en prendre acte. Pourtant je ris en lisant cette citation. Ce que Benatar ne commente pas assez à mon goût, c'est l'humour qui suit la constatation de l'homme juif désespéré. Un humour corrosif, absurde, juif très certainement, qui nous rappelle à la vie. C'est pourquoi je crois que la philosophie rationnelle, éthique, telle que pratiquée par Benatar ne nous est pas d'un grand secours. Il faut être écrivain, comme Cioran ou Thomas Bernhard, ou philosophe, comme Kierkegaard, pour désespérer bien de ce monde, et cela n'est pas donné à la rationalité philosophique telle qu'elle se pratique aujourd'hui. Il ne peut rien y avoir de logique ni de certain dans la douleur humaine.

Et c'est pourquoi l'espoir est toujours légitime.

Alors, même si je défendrai violemment Benatar devant les optimistes bêtes, je continuerai à me méfier de celui qui oublie que le désespoir est aussi un grand éclat de rire et qu'il ne justifie aucune extermination, aucune extinction.

La petite fille de neuf ans

En feuilletant le journal, je tombe dans la rubrique nécro-
logique sur le beau visage, un peu triste, d'une jeune
femme. En lisant les mots qui accompagnent cette photo,
je m'aperçois que ce n'est pas cette jeune fille qui est
morte dans les derniers jours, mais bien celle qu'elle était
devenue et qui s'est éteinte à l'âge (quand même peut-être
respectable pour la mort...) de quatre-vingt-six ans. Ce
visage magnifique avait disparu depuis longtemps. Avec
les années, il avait été remplacé par un autre : celui que
façonne le temps. Je ne sais pas pourquoi mais j'ai pleuré
sur mon journal ce matin. Les pages souillées par mon
café recélaient tant de tristesse. Elles racontaient la mort
de cette vieille dame que je ne connais pas, mais dont le
visage m'a été ravi parce que la face du temps est peut-être
trop obscène. Elles racontaient aussi la mort plus lente de
cette jeune fille qui s'est effacée peu à peu et que sa famille
regrette vraisemblablement encore davantage que la vieille
dame qu'elle était et dont l'avis de décès est coincé entre
les petites annonces et les soldes chez Sears.

Le temps est un grand traître. Ça, je le sais. Mais je continue à l'apprendre dans les journaux. Nous n'avons d'yeux
que pour la jeunesse, que pour la beauté vivace... Et

aurais-je remarqué le visage de la vieille dame de quatre-vingt-six ans si j'étais tombée dessus dans les pages de mon quotidien ? Je ne crois pas.

Cette dame avait peut-être choisi la photo par laquelle elle voulait être montrée une dernière fois au monde. Cette dame conservait peut-être cette image d'elle, et quand elle se regardait dans le miroir, ce qu'elle voyait n'était pas elle à la fin de sa vie, mais bien son visage clair, lumineux, de beauté dans la fleur de l'âge, le visage dont elle n'avait pu faire le deuil.

Il y a quelques années, j'étais tombée à la télévision sur un film de série B où une femme se réveille d'un coma après cinquante ans. Son corps a alors soixante-dix ans et est très mal en point à cause de l'inactivité, mais son esprit a toujours vingt ans, l'âge très exact où cette dame a eu l'accident qui l'a conduite dans un profond état comateux. J'ai beaucoup aimé cette histoire, voyant en celle-ci une représentation allégorique. Ne sommes-nous pas ainsi alors que nous vieillissons et ne gardons-nous pas secrète-ment en notre esprit, malgré les rides, les cheveux blancs et les coups durs du temps, quelque chose de notre visage de vingt ans ? Est-il vraiment possible de se voir vieillir ? Et ne pensons-nous pas que le miroir qui nous renvoie l'image de cet inconnu ou encore de cette vieille personne est simplement un menteur, un leurre ? Il ne m'arrive presque jamais d'avoir quarante-neuf ans dans mes rêves. À mes yeux, je suis toujours une enfant. Je n'ai pas arrêté le processus de vieillissement à vingt ans, et même si mon corps tente désespérément de me convaincre du contraire, j'ai toujours neuf ou dix ans. C'est peut-être une photo de moi à cet âge-là qui me représenterait le mieux, mais qui me reconnaîtrait?

Déjà avec ma fille, nous sommes nostalgiques de son visage de petite fille. Elle a huit ans, mais il est presque impossible pour elle de ne pas se reconnaître davantage dans celle qu'elle a été à quatre ou cinq ans, ou encore à sa naissance. Nous serions dans un décalage permanent entre le temps de notre corps et l'époque que nous voyons comme nôtre. Les êtres humains ne sont pas comme les animaux. Ils voyagent mal dans le temps et ne parviennent pas vraiment à envisager l'avenir avec une profonde sérénité. C'est pour cela qu'ils s'affairent tant. Sur une chaîne pour enfants et adolescents, on fait passer une émission récente : 70. Ma fille et moi ne ratons jamais un épisode. Je comprends qu'une vieille comme moi regarde avec nostalgie et effusions les bêtises reconstituées de l'époque, mais qu'est-ce que ma fille et tous les jeunes qui sont accros à l'émission ont en commun avec les personnages ridicules qu'on met en scène? Pourquoi les jeunes aiment-ils 70? De quoi tous ces enfants sont-ils nostalgiques, si ce n'est de la nostalgie elle-même qui semble nous déterminer comme humains?

À six ans, quand on m'a enfin avoué que le père Noël n'existait pas, j'étais déjà dans la douleur de ne plus être celle que j'avais été, la petite pour qui Noël était une fête et le père Noël pas encore une ordure ou un ami de la famille déguisé pour la circonstance. On mythifie l'enfance et après on s'étonne de voir les gens vieillir dans la douleur. Mais il y a de quoi...

Petite, j'avais peur des gens âgés. Le soir de l'Halloween, nous entrions dans l'hiver en allant frapper à la porte du maire de Ville d'Anjou qui s'appelait, si ma mémoire est bonne, Cauchon. Il ne devait pas être bien vieux, à peine avait-il la cinquantaine, mais son visage me faisait penser à celui d'un porc et ce croquemitaine qui nous offrait des bonbons avec un drôle de sourire, celui de l'âge, me faisait horreur. Les saisons dans mon enfance étaient très marquées. Il y avait une grande différence entre l'hiver et l'été, l'école et les vacances. La tombée de la nuit vers quatre ou cinq heures du soir, l'hiver, constituait un événement important parce que nous ne jouions plus alors pendant deux ou trois mois dans la cour de récréation à la sortie de l'école en attendant l'autobus scolaire. Aujourd'hui, je maugrée encore contre novembre, l'hiver, le froid, mais tout va tellement vite que dans le fond, je n'ai même pas trop le temps de me préoccuper du temps qu'il fait ou de la nuit qui tombe si tôt. Je cours, je vole. Mon emploi du temps pour janvier est déjà presque complet dès octobre. Je suis toujours dans une autre temporalité, avec en secret mon visage de neuf ans. Depuis quarante-cinq ans, j'ai déjà «presque cinquante ans», puis «bientôt soixante-cinq», parce que je ne peux m'empêcher de penser à ma retraite, de réfléchir à mon «avenir». Dans ces précipitation et planification temporelles, où toutes les saisons et les années finissent par se ressembler, j'espère peut-être oublier ma propre finitude.

Contre le temps qui passe sans que je ne le voie, je tiens à garder l'image de mes neuf ans, la seule en fait qui me rappelle la réalité de la vie, la seule qui échappe à l'affairement des jours qui se suivent comme les wagons d'un train rapide que l'on verrait passer sans jamais le prendre.

J'ai encore, pour moi, le visage intact de mes neuf ans. C'est la petite fille que j'ai été que je vois dans le miroir. Elle est la seule qui me rappelle combien je suis mortelle, parce qu'elle sait, elle, combien la vie est fragile. Moi, je l'ai oublié en courant après le temps.

D'un ennui bien mortel

«Déjà tout petite, je m'ennuyais...» En écrivant cette phrase qui me semble être une citation, peut-être parce que je l'ai tant de fois lancée comme une déclaration de guerre ou comme une provocation à ceux et celles qui m'ont demandé durant ma vie avec une gentillesse bien souvent feinte quel genre de petite fille j'étais, je ne sais toujours pas s'il me faut mettre un complément au verbe «ennuyer» pour parvenir à décrire le sentiment que j'avais enfant et que j'éprouve encore. Oui, je m'ennuie peut-être de quelque chose... Comme si j'avais hérité de la mélancolie de ma mère, de cette nostalgie de l'Europe et tout particulièrement de la France qui ne la lâchait jamais. Ma mère avait quitté «son» pays. Malgré la puissance du rêve qui portait cette jeune femme abandonnant «son» Paris de l'après-guerre reconstruit sur les ruines de 1945, et venant s'installer dans la petite ville qu'était alors Montréal, ma mère pleurait souvent dans notre cuisine de banlieue en nous parlant du métro de Paris que j'ai connu depuis et qui ne soulève pas particulièrement d'émotions en moi. M'ennuyais-je aussi de la France, celle d'avant le cauchemar nazi, alors que je passais à Ville d'Anjou, dans notre duplex morne, des jours empreints d'un passé que je ne connaissais même pas vraiment? Durant la fin des années soixante et durant les années soixante-dix, et tout particulièrement durant les mois d'été où nous ne faisions rien d'autre que d'attendre une nouvelle année scolaire, y avait-il dans mon ennui et dans celui que j'arrivais à peine à partager avec mon petit frère quelque chose de propre à la condition d'enfants isolés par leur communauté et leur culture familiales? Ou encore m'est-il possible de voir maintenant, dans cet ennui-là, une mélancolie propre à l'enfance que seuls l'école et son programme bien défini ou encore les camps de vacances réglementés et enrégimentés savent chasser.

Lorsque j'étais petite, nous n'allions, ni mon frère ni moi, dans ce que ma mère appelait les colonies de vacances ou encore les «colos», qui n'étaient pas, selon elle, pour des petits de notre classe sociale. Le mot «colonie» restait d'ailleurs très important dans notre famille. Il était toujours péjoratif dans la bouche de ma mère, qui reprochait à mon père de venir de «là-bas», d'Afrique du Nord, des colonies très en retard sur la «Métropole» et qui n'avaient eu aucune reconnaissance envers la mère patrie. Il fallait penser à l'Algérie... De plus, ma mère parlait du Canada français en déclarant qu'on était aussi mal servis à Montréal que dans les colonies et c'était la raison évidente pour laquelle mon père s'y trouvait si à l'aise... En fait, nous étions trop pauvres pour aller avec «les sales gosses de riches» et trop bien pour nous mêler «aux voyous miteux du quartier». Tout l'argent de mes parents allait dans le paiement des frais de scolarité de l'école privée où nous étions inscrits et qui était, bien sûr, bien au-dessus des moyens de notre famille. Nous passions donc, comme les gens de notre condition, l'été à lire...

Chaque jour il me fallait un nouveau livre que j'allais acheter à la librairie Classic's Books (oui, à cette époque, l'affichage en anglais était de mise au Québec) aux Galeries d'Anjou, centre d'achats très à la mode à l'époque, ou que je recevais de mes tantes. Malgré la gêne pécuniaire dans laquelle se trouvait ma mère, elle n'aurait jamais voulu que nous empruntions des bouquins et des revues à la bibliothèque de la ville. « Vous rigolez, les enfants... Il n'en est pas question. Les livres sont sales. C'est tripoté par tout le monde. C'est un foyer de maladies. Je ne veux pas de cela ici. » C'est ce que nous disait ma mère et elle ne tenait pas à ce que je rapporte la tuberculose ou une autre « saloperie » à la maison. Est-ce par défi bien enfantin maintenant que je passe mes journées dans les bibliothèques à tourner les pages de ces livres « contaminés » et que j'en rapporte toujours à la maison une dizaine que je touche avec concupiscence. Enfant, il me fallait donc me procurer des livres neufs (nous n'avions jamais droit à quoi que ce soit d'un peu vieux et nous étions toujours les premiers occupants de ces boîtes qui nous servaient d'appartements). Ma soif gargantuesque de lecture grevait le budget de ma mère qui préférait se priver de tout plutôt que de me voir lire « un vieux truc ». Je me souviens bien comment ma mère regardait avec dépit un petit pot de crème pour le visage Jergen's presque vide, alors qu'elle savait qu'elle devrait nous acheter encore des livres pour passer l'été. Et souvent, je crois avoir aperçu dans le regard de ma mère une vraie douleur, douleur qui pourtant ne l'aurait jamais incitée à nous conduire à la bibliothèque.

L'été, indifférente aux rides de ma mère, je continuais néanmoins à m'ennuyer. Les livres que je dévorais ne chassaient jamais l'ennui profond que je ressentais, mais ils l'accompagnaient, lui donnaient en quelque sorte une couleur, un parfum. L'ennui trouvait un lieu: le livre. Dans les mots des écrivains, il prenait forme et devenait supportable. Vers sept ou huit ans, je m'ennuyais donc avec Alice, une jeune fille moderne à qui il arrivait toutes sortes d'aventures. J'ai oublié le nom de l'auteur de cette série de petits romans dans lesquels il m'arrivait de m'amuser quand même un peu, par intermittence. Mais si les livres pouvaient constituer pour moi de petites escapades hors de mon existence maussade, ils n'arrivaient jamais à dissoudre totalement ma morosité et mon attente de quelque chose de grand auquel les livres, malheureusement, me permettaient de croire. En compagnie des livres, j'ai appris à m'ennuyer de l'avenir. L'ennui, en fait, a pris une direction. Il a eu un but. Il s'est fait patience, attente. Je me suis ennuyée d'une vie qui viendrait un jour, d'instants heureux où je quitterais ma famille et mes étés tristes. Adolescente, je me suis donc ennuyée un été entier avec Zola, et au moins deux ou trois autres étés avec Balzac et puis encore avec Proust. Ma mère avait hérité de sa tante Suzanne une collection de livres en cuir qu'elle exposait dans notre salon. Elle aurait préféré que je ne mette pas mon nez sale dans ces trésors qu'elle avait emportés avec elle de France et qu'il ne fallait pas abîmer ou «salir» en les lisant. Les livres pourtant étaient en décomposition. Ils jaunissaient et l'encre en mangeait les pages. Des trous se formaient sur ces dernières... Ma mère, aveuglée par l'idée de la France et ses possessions, ne voyait pas du tout dans quel état se trouvait son héritage. Elle me permettait de lire ses vieux bibelots, à condition que j'en prenne grand soin. Ce que je ne manquais pas de faire.

C'est ainsi que j'eus accès relativement jeune à des livres que ma mère aurait préféré que je ne lise pas, non pas à cause d'un contenu illicite, mais bien plutôt à cause de leur belle couverture qu'elle ne voulait pas que je souille.

Dans les lectures des étés de ma jeunesse, l'ennui, tout à coup, m'est apparu mien, vital. Il a cessé d'être extérieur à moi. Je ne l'ai plus vécu comme une espèce de tumeur ou de kyste à extraire. J'ai compris qu'il m'habiterait toute ma vie et que nous devions apprendre à faire bon ménage. Et c'est encore par ennui, non pas celui que donne l'oisiveté de la banlieue, mais bien plutôt celui qui est lié à toute existence que j'ai commencé à lire sans arrêt, comme une défoncée... De cet ennui-là, j'aimerais néanmoins protéger ma fille en lui permettant d'aller en «colonie» de vacances avec les «sales gosses de riches» ou «encore avec les voyous miteux du quartier». Et pourtant... N'y a-t-il pas dans l'ennui quelque chose de profondément formateur? Je ne saurais comment répondre à cette dernière question, mais elle me hante.

En 1979, alors que je passe mon bac de philo dans un lycée français, le sujet de la dissertation que je me dois de traiter en quatre heures est une citation de Baudelaire que je reproduis ici de mémoire : « Il faut travailler, travailler, parce que, tout compte fait, travailler est moins ennuyeux que s'amuser. » En 1979, j'ai dix-huit ans et je me suis encore peu amusée dans ma vie. Cette phrase arrive à point pour venir clore une enfance sans joie. À dix-huit ans, je ne sais que travailler et finalement je ne peux qu'être d'accord avec Baudelaire, même si à l'époque je suis loin d'avoir fait les frasques et les jeux qui lui donnent à lui l'autorité d'écrire une telle phrase. Je me fais donc baudelairienne, et décide de faire de la profession de foi de l'écrivain mon credo.

Maintenant que je suis plus âgée et que je connais mieux Baudelaire et la vie, j'aime penser qu'il est possible de s'amuser et de découvrir la joie de vivre.

« L'ennui, fruit de la morne incuriosité, prend les proportions de l'immortalité », a aussi écrit Baudelaire. Mais à l'ennui immortel, grandiose, que j'ai vécu enfant, je préfère encore un ennui mortel (comme on dit), celui de ceux et celles qui rigolent l'été comme des baleines échouées sur une plage de la vie, dans une « colonie » de vacances.

Sartre à la télé

Quand on est élevé comme moi dans une banlieue sordide ou encore dans une petite ville ennuyeuse des États-Unis, qu'on n'est pas particulièrement porté sur le crime et qu'on a tout de même un peu de chance, seules la télévision, la musique, la littérature nous font croire que l'humanité se tapit encore quelque part, que la douleur existe ailleurs et qu'il est même possible d'en faire quelque chose.

Je me rappelle avoir lu *La Nausée* de Sartre un été à Bay City. C'était en 1977. J'en ai été malade pendant des mois. Il y avait quelque chose en cette nausée qui faisait écho à mon envie perpétuelle de vomir la vie. Le livre a amplifié ma détresse et m'a permis malgré tout de lui faire face. L'été 1977, Sartre fut là pour moi. Je le trouvais très beau. Un écrivain... La littérature n'est pas un remède, un contre-poison, une cure, un médicament. Elle reste souvent une maladie. Mais il y a en elle la possibilité d'un lieu pour accueillir ce que Michel Surya appelle la honte. Celle peut-être que certains adolescents et humains ont d'exister. La littérature est hospitalière. Elle reçoit l'horreur et en cela, elle peut être un abri temporaire, précaire pour les âmes blessées. Une chambre de résonance pour les souffrances errantes. Elle est parfois même dangereuse, certes (mais la vie l'est encore plus). Pourtant elle reste un des rares endroits où il est possible de penser traverser le péril.

J'ai eu de la chance cet été-là de tomber sur Sartre lors d'une promenade dans une bibliothèque. Ce n'est pas l'école qui m'avait parlé de lui. À l'école, on ne disait mot quand j'avais seize ans de l'existentialisme. Je l'avais découvert dans une entrevue à la télévision. Et puis, j'ai cherché un livre de lui un jour. *La Nausée*... Le titre m'a plu...

A Room with a View

À Chicago, de son lit d'hôpital, V. regarde par la fenêtre. Devant lui s'étale le bâtiment compact du centre de recherche, là où les scientifiques en blouse blanche, dont il aperçoit la silhouette grisâtre, s'affairent à trouver quelque remède qui lui sauvera la vie. Parfois V. se met à croire que de cet immense building solide, trapu, presque réconfortant surgira véritablement la solution à sa maladie. Il arrive à V. de regarder le ciel de Chicago et de ne voir en lui qu'un lieu vide, désespéré en lequel gît l'absence de tout espoir. Demain ce ciel brillera sans V. Demain, la neige molle, transportée par les vents venus des Grands Lacs, recouvrira toute joie. Pourtant, chaque jour, V. essaie d'avoir encore une opinion sur l'avenir. Il tente encore d'interpréter les signes que lui offre la page indéchiffrable formée par le large cadre de la vitre de sa chambre. Souvent, ses yeux s'arrêtent à sa collection d'éléphants porte-bonheur que ses amis ou les amis de Stéphane lui ont donnés ou envoyés d'ici et là. V. pense alors à son enfance, à Dumbo auquel les gens lui ont longtemps dit qu'il ressemblait à cause de ses oreilles décollées, à cette sortie au cirque qu'il avait faite avec son père et durant laquelle il avait pu, à la fin du spectacle, alors que l'on défaisait le chapiteau, toucher un peu l'immense éléphant que le dresseur roumain, en habit guindé, avait fait s'agenouiller devant l'enfant. V. se rappelle le contact doux de l'animal, les grands yeux tristes, trop humains que celui-ci avait. V. oublie alors Chicago, sa maladie, la mort possible et ne pense qu'à cette journée mélancolique où il faisait bon être un enfant et se promener avec son père.

Quand V. a la possibilité de sortir de l'hôpital et d'avoir quelques journées de repos à lui, il se presse pour aller peindre dans son atelier à l'autre bout de la ville de Chicago de grands tableaux gris sur de gigantesques morceaux de vitre cassée. Le soir, très tard, il s'arrête de travailler seulement quand les vitres sur lesquelles il pose de la peinture sont couvertes d'une pâte sombre, opaque.

À Montréal, C. a en quelque sorte condamné la fenêtre de son bureau, en dressant devant elle, sur sa grande table de travail, un écran géant pour son ordinateur Apple. Quand elle est assise à son bureau, C. ne regarde jamais dehors. Elle se concentre sur les mots qu'elle tape vite et qui apparaissent immenses sur son écran. Avec l'âge, C. a du mal à voir. Elle n'a pas hésité à s'offrir un grand écran que le technicien de la Boutique Micro lui a conseillé. Quand elle arrête d'écrire frénétiquement et de malmener son clavier pendant trois minutes, C. contemple l'écran de veille constitué d'un aquarium tout bleu dans lequel des poissons multicolores valsent au son d'une musique fantôme. C. a mis sur son bureau d'ordinateur une photo que Stéphane lui a envoyée récemment de Chicago. Il s'agit de la vue sur la ville et sur le bâtiment de recherche que V. a de son lit d'hôpital. Depuis quelques jours, C. contemple souvent cette photo. C. voudrait voir avec V. le signe de jours meilleurs. Sur la photo, C. remarque les éléphants qui se baladent sur le bord de la fenêtre d'hôpital. Elle s'attarde sur Jonas, le caresse du bout des doigts grâce au contact bête, froid, avec l'écran géant, ce que lui a pourtant interdit le technicien de la Boutique Micro. Jonas est son éléphant préféré, celui qu'elle a envoyé à V. en espérant qu'il portera chance au copain de Stéphane, qu'il avalera tout rond la maladie.

À Montréal encore, M. tente toujours de prendre la même place dans l'immense salle verte baignée de lumière où se donnent tous ses cours de yoga. À chaque séance, M. arrive très tôt pour se mettre au premier rang, afin de pouvoir mieux dévorer des yeux le flanc de la montagne qui, au loin, appelle un ailleurs. Les arbres qui couvrent le mont Royal donnent à M. le sentiment d'être loin de la ville, de toute civilisation, dans une contrée qu'elle ne connaît pas. Elle s'imagine alors dans un autre pays, à une autre époque, avec une autre histoire que la sienne. À partir d'un petit morceau de verdure, M. s'invente une Inde fabuleuse, une jungle costaricaine luxuriante. Quand il lui arrive de ne pas arriver assez tôt à son cours, M. est obligée de se mettre au fond de la salle, près d'une fenêtre moche qui donne sur le côté nord du studio de yoga. De là, qu'elle le veuille ou non, au moment d'un Vrksasana, M. perd l'équilibre en apercevant au loin le gym dans lequel son ex s'entraînait en dominant l'avenue Mont-Royal qui file droit. À l'époque, M. ne faisait pas de yoga.

Elle se revoit à l'entrée en train de fébrilement attendre Jean, heureuse. Quand les néons bleu, blanc, rouge de l'enseigne du gym de son ex se mettent à clignoter dans la nuit, M. souhaiterait qu'ils l'aveuglent pour de bon.

À Chicago, Jean a un bureau qui donne sur le lac Michigan. Il y tenait beaucoup et a dû faire des pieds et des mains pour obtenir cette pièce magnifique qui était normalement réservée à une fille de l'Iowa, mieux placée que lui dans la hiérarchie de ce bureau d'architectes. Cette vue sur le lac symbolise en quelque sorte la réussite de Jean, sa hardiesse, sa ténacité. Il espère aussi bientôt pouvoir s'acheter un condo qui aura exactement la même vue. Ainsi, à la maison ou encore au travail, il sera chez lui. Quand il est assis dans son large fauteuil de cuir rouge et qu'entre deux rendez-vous, il pivote enfantinement sur lui-même pour regarder par la fenêtre, Jean est content d'être loin de Montréal, de cette absence d'horizon que caractérise pour lui cette ville trop petite pour ses rêves et ses ambitions. Dans les voyages qu'il fait à travers le monde, il demande toujours un *executive floor*, proche du sommet des hôtels qu'il fréquente. De partout, Jean contemple la vie des hauteurs. Il voit loin, très loin. Son regard si aérien ne lui permet pas de s'attarder sur Montréal, ville misérable, vue de si haut.

À Florence, au début du vingtième siècle, dans un roman de E. M. Forster, Lucy Honeychurch, une jeune femme de la bonne société anglaise, et sa cousine Charlotte Bartlett, chaperon de Lucy, arrivent dans la pension Bertolini et exigent une chambre avec vue sur l'Arno, à laquelle elles croient avoir droit. Comme les aubergistes ne peuvent satisfaire les deux femmes, parce que la pension est pleine de touristes, un père et son fils, les Emerson, proposent à Lucy et Charlotte leur chambre qui répond à ce désir de vue sur l'Arno. Les jeunes femmes hésitent à accepter une telle offre qui leur semble peut-être mal intentionnée, venant de deux hommes cavaliers et excentriques, mais le pasteur qui est là les rassure sur les buts du père et du fils. Finalement, après bien des péripéties et des obstacles de toutes sortes, la jeune Lucy, presque malgré elle, se retrouve avec celui que son entourage voyait comme peu recommandable, Georges Emerson. Sa vision sur le monde s'est en quelque sorte élargie et sa perspective sur les choses a pu changer. Elle a enfin une vraie vue sur la vie qui lui permet de contempler son réel objet de désir, son Georges.

À Amsterdam, durant la guerre, Anne Frank se terre dans un appartement avec sa famille et quelques gens, condamnés comme elles, à ne pas exister. Anne ne peut voir le ciel. On ne doit pas savoir qu'« ils » sont là, à se cacher. Elle attrape parfois un bout de soleil ou imagine un nuage, bas, froid. Mais sa vue reste tournée vers l'intérieur des petites pièces que le sort mesquin lui consent. Anne Frank n'a pas grand-chose à contempler. Toute sa vie est écoute. Elle tend l'oreille pour savoir si elle peut entendre les pas terribles de ceux qui un jour viendront la chercher. Anne Frank est tout ouïe. Elle n'a pas ses yeux. Même pas pour pleurer.

À Paris, au dix-neuvième siècle, Baudelaire écrit : « Celui qui regarde du dehors à travers une fenêtre ouverte ne voit jamais autant de choses que celui qui regarde une fenêtre fermée. Il n'est pas d'objet plus profond, plus mystérieux, plus fécond, plus ténébreux, plus éblouissant qu'une fenêtre éclairée d'une chandelle. Ce qu'on peut voir au soleil est toujours moins intéressant que ce qui se passe derrière une vitre. Dans ce trou noir ou lumineux vit la vie, rêve la vie, souffre la vie. »

C'est à ce genre de consolation lamentable que se livre l'écrivain qui, lui aussi, croit pouvoir avoir la bonne vue sur le monde. Il ne sait pas combien il expérimente la vie, malgré tout, en double aveugle.

Tel est vu celui qui, dans son immense arrogance, croyait voir.

Vivre ensemble

En lisant le séminaire *Comment vivre ensemble* de Roland
Barthes, je comprends combien préside à toute activité
intellectuelle un fantasme monacal pour ne pas dire car-
céral, dans lequel l'esprit se plaît à croire qu'il a besoin
d'un retranchement, d'un écart, d'une solitude ou encore
d'un silence pour parvenir à entendre en lui les voix de la
création, de la pensée et de sa propre vérité. Si pour
Roland Barthes le pouvoir impose un rythme de vie, de
temps, une distance est possible dans ce qu'il appelle une
« idiorythmie », la préservation d'un rythme personnel.
Contre le temps imposé par l'école, le travail, les loisirs
organisés, les saisons artificielles de la vie, il serait possible de ne pas renoncer à sa propre respiration, à son
phrasé. Dans un monde où il y a en effet peu de temps et
d'espace pour une solitude choisie, ce fantasme d'une
idiorythmie est, il me semble, de plus en plus présent.
Nous courons tous, à bout de souffle, « la langue à terre »,
vers des moments où le temps s'arrêtera et où nous pour-
rons nous retrouver dans un tête-à-tête fécond avec nous-
même ou avec un morceau d'œuvre, oasis intime. J'ai déjà
entendu quelques intellectuels sérieux rêver de prison en
espérant ainsi pouvoir avoir du temps pour écrire ou pour

vivre... Ils me citaient les lettres de Gramsci, les écrits d'Alexandre Soljenitsyne ou me renvoyaient à Jean Genet pour mieux me convaincre.

Or, cette idée d'un rythme propre, quand elle n'est pas liée à un délire complètement puéril sur la prison, apparaît de façon privilégiée dans une réflexion collective sur la vieillesse et sur la mort, quand le retour à soi, les retrouvailles grandioses avec ce qu'on a été ou ce qu'on aurait pu être, se planifient. Dans les publicités, dans le discours social, le rythme propre et vrai est celui que nous retrouverons à la retraite, après nous être bien soumis au temps du devoir. Nous nous imaginons en train de mourir tranquilles dans un lit, faisant sereinement le bilan de l'existence. Très vieux ou à l'agonie, nous aurons enfin la possibilité de reprendre le fil de l'être et de recoudre ensemble les morceaux épars de nos vies imparfaites. L'âge nous permettra de décanter le temps passé, de séparer des jours le bon grain de l'ivraie et de finir uniquement entourés par les gens, les objets et les idées qui ont compté pour nous.

Il nous arrive peu souvent (à part bien sûr dans des moments de panique ou de catastrophe) de nous voir mourir d'un coup, à côté d'un parfait inconnu patibulaire, sentant la soupe, dans un autobus, un train ou un avion, sans crier gare, sans qu'il ait été possible d'esquisser une quelconque façon de renouer avec nous-même, d'opérer un réenracinement dans le terreau de notre propre existence. Nous ne voyons pas les dernières années de la vie comme une période de grand délabrement ou de grands chagrins où tous nos proches disparaissent les uns après les autres. La mort, nous la voulons à nous, dans une solitude sans douleur qui nous permettra de nous réarrimer à ce que nous avons été profondément et à ce qui nous a déterminés, au rythme de notre cœur, qui s'arrêtera, fatigué, tout bêtement de battre. L'âge et la perspective de la mort nous autoriseront à retrouver naturellement le jardin personnel que nous ferons visiter à nos parents et amis et auquel pourtant nous avons consacré si peu de temps...

On l'oublie, mais la mort, tout comme la vieillesse, est une expropriation de soi. On ne se retrouve pas à soixante-quinze ans comme l'on remet une vieille paire de pantoufles usées. Cette idéalisation d'un moment de réappropriation de sa vie et de la temporalité à travers sa fin est totalement illusoire. On devient ce que l'on a fait et on ne remet pas la main sur soi comme sur un bon livre oublié la semaine dernière, en feuilletant les pages du chapitre précédant le signet.

Dans cette perspective d'un retour à soi et à l'essentiel, la communauté est l'objet d'une forte méfiance. C'est elle qui nous empêcherait d'embrasser notre moi profond. C'est l'autre, toujours multiple, qui nous détournerait de notre essence. Une connaissance me faisait part du sentiment d'être chez soi sur son tapis de yoga, de pouvoir renouer avec sa propre personne en attendant les grandes réépousailles avec soi-même. Or, je remets en doute ce désir actuel de l'idiorythmie. Je m'interroge sur les motivations réelles des êtres à accepter toute leur vie un temps qui ne serait pas le leur et à voir le moment de la retraite ou du yoga comme le lieu d'une adéquation bien réelle. Est-ce vraiment la solitude qui est recherchée quand dans un Adho Mukha Svanasana commun, vingt-cinq postérieurs se retrouvent de façon simultanée en l'air, en imitant collectivement un chien ? Est-ce vraiment son propre rythme que l'on veut réapprivoiser à la retraite, durant des voyages organisés, des cours d'initiation à tire-larigot et dans la communauté douloureuse des maisons en tous genres pour l'âge d'or ? Les cours de yoga, pourtant si attentifs à une reconnection avec soi, ne participent-ils pas, malgré eux, tout comme le fait le fantasme de la retraite, d'un désir inavoué, inavouable, d'égrégore ? L'égrégore est, dans l'ésotérisme, un « concept désignant un "esprit de groupe", une entité psychique autonome ou une force produite et influencée par les désirs et émotions de plusieurs individus unis dans un but commun, qui peut d'ailleurs être bien banal ». Sans être mystique ou reichienne, ne puis-je pas penser que c'est cette fusion avec un groupe où le moi se déprendrait de lui-même, lâcherait prise sous une autorité beaucoup plus souple que celle qui est exercée quotidiennement par nos obligations, que nous rechercherions dans ce prétendu désir d'idiorythmie ? Ne nous trompons-nous pas sur la nature du souhait de se retrouver avec soi-même en compagnie de gens qui se cherchent aussi ? Et si ce n'était pas un sentiment d'appartenance que nous poursuivions désespérément avec soi ou avec les autres, mais bien plutôt une sensation de désappartenance, d'oubli de soi à travers les autres, selon un rythme qui ne serait pas tout à fait le nôtre.

Pour les gens de ma génération, l'égrégore a disparu. Il a été «suicidé» avec Claude Gauvreau et quelques vieux écrivains idéalistes qui, comme Mycroft Mixeudeim, traîné et «piétiné frénétiquement» par quatre de ses amis, est prêt à se sacrifier pour répondre à l'appel de l'autre, pour que quelque chose de l'humanité du groupe perdure.

Or, ce qui a disparu, et que l'œuvre du génial Gauvreau nous rappelle sans cesse, c'est l'imaginaire d'une vie collective spirituelle, d'un travail exécuté à plusieurs (malgré la multiplication dans les universités des groupes de recherche interuniversitaires, interdisciplinaires, internationaux, où le préfixe «inter» assure la réalité du fantasme de communauté), d'une pensée en groupe qui s'élabore à travers la rencontre des autres, en perdant son temps à parler, à manger, boire, et à réfléchir avec quelques-uns. La cellule du moine, du prisonnier a éclipsé dans notre fiction celle des penseurs et intellectuels politiques.

C'est pourquoi j'ai été agréablement abasourdie lorsque les étudiants d'un cours de création m'ont annoncé qu'ils allaient poursuivre l'atelier après la période allouée à nos séances. Ils avaient besoin de continuer à travailler ensemble et désiraient discuter de leur écriture individuelle avec les autres. La solitude ne suffirait donc pas, malgré ce que l'on prétend, à ceux qui rêvent de l'art. Moi-même, j'ai cherché durant des années cet «esprit d'équipe» à travers des groupes et des revues (*Psychanalyse et politique*, *Temps fou*, *Conjoncture*, *Post*, *Spirale* ou même *Tessera*). Ce qui m'a le plus cruellement manqué à travers mes études et mon travail, ce n'est pas l'absence d'idiorythmie (qui me fait quand même râler), mais bien plutôt l'impossibilité de penser et de travailler avec des gens. Ce vivre-ensemble n'a pas su exister suffisamment pour moi, à part à travers deux ou trois amitiés qui me sont excessivement chères. Et c'est pourquoi malgré les difficultés que j'ai toujours eues à enseigner, la classe reste et restera un lieu privilégié de mise en commun des réflexions. En cela, je ne me soustrais pas à mes tâches de maître. Je crois avoir su donner des cours. Mais les étudiants peuvent lire des livres des écrivains ou philosophes qui sont bien plus intelligents que n'importe laquelle de mes prestations. La classe peut être un espace où il se passe quelque chose de plus que la simple communication du savoir. Elle demande à être un lieu d'expérimentation et de pensée. Et cela exige un véritable engagement des étudiants. Ils n'ont peut-être pas à subir de telles exigences. Après tout, un cours n'est qu'un cours où l'on reçoit une note. Oui. Mais il reste que, pour moi, c'est ce travail d'élaboration collective qui est le seul fondement du cours. Peut-être vois-je dans la classe un des lieux de l'égrégore. Bien sûr, et c'est trop demander.

En lisant *Journal de deuil* où Roland Barthes commence à prendre des notes au lendemain de la mort de sa mère, le 25 octobre 1977, je suis l'idiorythmie du fils endeuillé, dans le chagrin. « Je sais maintenant que mon deuil sera chaotique», écrit Barthes le 29 octobre. Ce théoricien du comment vivre ensemble avait passé presque toute sa vie avec sa mère. Il avait trouvé avec elle, en elle, un rythme commun dans lequel il pouvait s'oublier au quotidien. Après sa mère, Barthes n'a plus rien envie de partager. Le temps est à lui, mais il est vide.

> Les désirs que j'ai eus avant sa mort (pendant sa maladie) ne peuvent plus maintenant s'accomplir car cela signifierait que c'est sa mort qui me permet de les accomplir – que sa mort pourrait être en un sens libératrice à l'égard de mes désirs. Mais sa mort m'a changé, je ne désire plus ce que je désirais. Il faut attendre, à supposer que cela se produise – qu'un désir nouveau se forme. Un désir d'après sa mort.

Barthes meurt le 26 mars 1980, trois ans à peine après la disparition de sa mère.

La solitude n'aura «presque pas» eu lieu...

Comment mourir ensemble?

Est-ce que je vous ai déjà vue quelque part ?

Avec les années, il m'est de plus en plus difficile de rencontrer quelqu'un que je ne reconnais pas. Ce n'est pas que je connaisse beaucoup de gens, loin de là. Mais depuis un certain temps, j'ai prise sur le monde en ayant l'impression pourtant étrange, déboussolante d'un « déjà-vu » perpétuel. Est-ce l'usure du regard qui ne sait plus voir pour la première fois et qui porte sur les choses et les êtres un regard blasé, fatigué ? Ou alors plus largement puis-je penser que, de nos jours, l'expérience se rétrécit ? Aurions-nous de moins en moins accès à une singularité, à une individualité, une aura ? Et sommes-nous pris à nous standardiser, à nous reproduire à la chaîne sans aucune capacité de réinvention ? Sommes-nous condamnés à incarner quelques types, à camper quelques clichés que nous ne pourrions même pas réclamer comme modèles ? Le corps moderne est-il devenu absolument lisible et sans aspérité ?

Chez Proust, Swann voit dans la fille de cuisine enceinte « La Charité » de Giotto. Le narrateur, petit, comprend le monde à partir des « Vertus et Vices de Padoue », figures que Giotto aurait peintes, et reconnaît dans ces figures dont Swann lui a donné des reproductions certains visages des «jolies bourgeoises pieuses et sèches» de Combray. Mais il y a chez Proust une inadéquation surprenante entre le type moral et le physique. Il reste un étonnement infini du narrateur devant l'incarnation de l'idée, de l'âme : «Quand j'eus l'occasion de rencontrer au cours de ma vie, dans des couvents par exemple, des incarnations vraiment saintes de la charité, active, elles avaient généralement un air allègre, positif, indifférent et brusque de chirurgien pressé, ce visage où ne se lit aucune commisération, aucun attendrissement devant la souffrance humaine, aucune crainte de la heurter et qui est le visage sans douceur, le visage antipathique et sublime de la vraie bonté.»

C'est précisément cette inadéquation surprenante que je conçois comme étant perdue depuis et avec Proust. Dans la société actuelle, il n'y a, il me semble, que très peu d'écart entre le corps et celui ou celle qui le hante. Nous sommes devenus adéquats à un nombre très limité de types physiques et psychiques que nous incarnons sans pouvoir les déformer. Dans ce monde, l'idéal n'est d'ailleurs pas de s'approprier un «type» en le détruisant, le singularisant mais bien plutôt de le personnifier de la façon la plus convenue, de devenir en quelque sorte le plus conforme à «soi-même».

Le jeune loup arriviste, contremaître, futur chef de bureau ou de cabinet, futur directeur ou doyen, je l'ai rencontré en maintes occasions dans ma vie. Son nom et son apparence me sont familières, presque amies. Et je ne m'étonne plus quand il courtise les figures du pouvoir ou fait de l'œil à toutes les femmes bien placées, bien qu'elles ne l'intéressent guère. La fille pas très futée, bonne en classe, conformiste qui se fait remettre à sa place par ses supérieurs, mais qui réussit par sa persévérance en gardant toujours un ressentiment contre les pères qui l'ont humiliée, tout en ne se déclarant jamais féministe, je voudrais la prendre dans mes bras et lui dire que tout finira bien pour elle. Je connais son histoire. Je l'ai vue tant de fois écrite dans le livre qu'est son visage. Le *loser* de génie qui a tout pour réussir, mais qui préfère végéter plutôt que de sortir de sa paresse qu'il confond avec une pureté ou une incapacité morale de faire des compromis et des compromissions, j'aurais envie de le prévenir contre lui-même. Je l'ai déjà fait, mais il ne peut, hier comme aujourd'hui, abandonner les traits de son personnage. Que deviendrait-il ?

Arrive-t-il aux gens de reconnaître en moi un stéréotype ? Oui, bien sûr. Puis-je exister hors de certaines dénominations ? Hystérique, enragée, féministe, frustrée, méchante, irrationnelle, professeure ? Puis-je penser à quelque chose comme moi qui échapperait à ces catégories bien évidentes ? Ne me suis-je pas vue déjà cent fois en d'autres, à travers diverses histoires personnelles et particulièrement ennuyeuses ? Souvent, je suis épuisée par le sentiment de me connaître trop et de ne pas savoir me refaire.

Récemment, un professeur que j'ai connu jeune m'a dit en me revoyant après bien des années : « Vous êtes la même ! » (il parlait de mon être). Cela me laissa interloquée. Comment n'ai-je pas su balancer par-dessus bord celle que j'étais ? J'aurais dû lui faire passer à celle-là un mauvais quart d'heure. Comment ai-je réussi à rester moi-même, à ne pas avoir la capacité de briser ce moule dans lequel je me coule depuis tant d'années ?

Récemment encore, alors que je devais aller parler devant la communauté grecque, je me suis encore reconnue, telle qu'en moi-même (et pour une fois peut-être un peu étonnée). Dans la mélancolie, le bavardage, l'exubérance, la fébrilité, j'ai découvert que j'incarnais un type grec bien banal et que ce qui peut sembler constituer parfois une petite singularité de ma personnalité est simplement quelque chose que je partage avec pas mal de gens de la Grèce. Dans Toula l'intervieweuse, j'ai aperçu la femme que sera peut-être ma fille. « Même type... » J'aurais dû comprendre cela plus tôt. Souvent, à Montréal ou ailleurs, les Grecs me parlent spontanément dans leur langue que je ne connais pas, que je n'ai jamais apprise. Apparemment, j'ai vraiment un air hellène et tout en moi, malgré moi, est très prévisible, reconnaissable. Des filles comme moi, il y en a des milliers dans le Péloponnèse ou dans les îles de la mer Égée. Je savais ma banalité, mais je n'avais pas les moyens de la nommer.

Quand il m'arrive de prendre le train et de m'ennuyer fermement, j'imagine la vie des gens que mon regard croise et qui vivent en bordure des rails. Dans les maisons qui, tôt le matin, commencent à se réveiller, je crois deviner quelque chose de l'existence des êtres, comme si le monde ne pouvait plus receler de surprises pour moi. Une famille prend son petit-déjeuner en regardant passer les wagons et me voilà en train de penser que je connais la vie de ces individus qui sont là à commencer une journée toute neuve dont je crois naïvement connaître le contenu.

L'écriture romanesque (toujours un peu classique) n'est pas basée sur le sensationnalisme, même quand elle tente de travailler sur le suspense. Elle s'installe au cœur du stéréotype, habite le cliché, y puise sa substance. Dans la critique littéraire, on a beaucoup laissé tomber l'étude des personnages, des types. Le moi et ses avatars n'est plus à la mode dans la critique littéraire, malgré ce qu'on croit. En littérature, on déconstruit le sujet et on se rassasie de la «littérarité», de la textualité et de la forme. Mais ailleurs, dans des mondes parallèles, juste à côté de chez nous, on continue à croire aux signes astrologiques, aux types physiques que confèrent les étoiles et le destin.

Je constate en ce moment avec étonnement que beaucoup de proches des écrivains se reconnaissent dans les livres de ceux-ci. Un frère, une sœur ou encore une cousine se mettent à ne plus vous adresser la parole. Des familles se disputent, des amitiés se rompent par l'effet de vérité que produirait le type qu'est le personnage. Il arrive souvent que plusieurs êtres se reconnaissent dans un même personnage et qu'ils se battent pour déterminer lequel d'entre eux a servi de modèle. Vous avez beau leur expliquer que ce ne sont pas eux, ils tiendront mordicus, tous autant qu'ils sont, à être à l'origine de tel ou tel être de papier. Ce n'est pas seulement que les familles ou les amis aiment la bagarre... C'est bien plutôt que nous croyons tous à notre unicité, à notre singularité. Nous pensons que nous avons quelque chose d'irréductiblement propre... La lecture des romans devrait pourtant nous apprendre le contraire. Si je peux être paranoïaque sur beaucoup de sujets, il me semble que je ne pourrais pas me reconnaître dans un roman, même pas dans un des miens, parce que moi ou une autre, c'est un peu kif-kif, comme on dit.

Mes proches me reprochent de voir le monde comme une histoire dont la fin se devine. Oui, en effet, je suis comme cela. Mais comment ne pas voir chez les autres la tombe qu'ils se creusent eux-mêmes. Comment ne pas savoir l'échec que l'on est soi-même en train de vivre ? Je n'arrive pas à me mentir sur ce sujet même si je continue à espérer que tout n'est pas écrit.

Oui, il est bon parfois de ne pas connaître la fin du film, de ne pas comprendre comment s'écrira la vie de quelqu'un et de tomber sur un visage qui ne nous dise rien...

Un jour, peut-être, j'arrêterai de croire que je me suis déjà vue quelque part.

Finir ou en finir : telle est la question

Vendredi dernier, dans un atelier de création, afin de convaincre mes étudiants de quelque chose d'un peu bête comme la nécessité de penser la fin, j'ai pensé raconter deux histoires qui ont marqué ma vie.

La première concerne un personnage fabuleux que j'ai rencontré en 1988, alors que j'enseignais pour la première fois à l'université et que je travaillais fort pour terminer mon doctorat. Il y avait dans ma classe, ce garçon d'un certain âge, tout à fait brillant, qui pouvait intervenir sur tout et qui connaissait mieux que moi tous les concepts que j'avançais péniblement, puisque je venais de les apprendre... J'étais un peu fascinée par cet homme étonnant, qui avait par moments quelque chose d'un héros de Beckett. Curieuse, j'allais lui parler pour lui demander qui il était et pourquoi il était si savant. Il ne parut pas surpris par mes questions et m'expliqua humblement qu'il était étudiant à l'université depuis plus de quinze ans, qu'il avait suivi un nombre incalculable de cours et que cela lui avait donné, malgré ce que l'on pouvait dire pour dénigrer le système d'éducation, un certain savoir... Il n'avait jamais réussi le diplôme de bac en lettres qu'il s'était promis d'obtenir, mais avait préféré prendre des cours, ici et là, selon ses découvertes et ses humeurs. À l'époque, j'avais beaucoup de mal à joindre les deux bouts et j'espérais rester aux études le plus longtemps possible, mais la nécessité de travailler me forçait à finir, afin de me trouver une job, ce foutu doctorat dans un temps que je jugeais court. J'eus donc le réflexe immédiat, vital, de demander à Pierre Yves d'où provenaient ses revenus. Il me confia alors en riant qu'il avait «une petite business» : il faisait des travaux pour les étudiants moins intelligents et plus fortunés que lui et garantissait un B ou un A à ses clients, qu'il remboursait quand ceux-ci n'obtenaient pas la note désirée. Il avait assisté à tellement de cours, avait fait le tour des théories quand même limitées en sciences humaines et possédait donc des compétences dans un grand nombre de disciplines. Cela lui faisait, me dit-il, un bon revenu annuel.

Ce gars-là était un futé. Je le regardai perplexe s'agiter dans mes cours et me mis, malgré moi, à l'admirer. À mes yeux, il sortait droit d'un roman. Il avait quelque chose de Maître Frenhofer dans *Le chef-d'œuvre inconnu* de Balzac qui va dans l'atelier du peintre Porbus et qui finit rapidement le tableau *La belle Égyptienne* que Porbus n'a pas su finir, alors que lui, Frenhofer, n'arrive pas à terminer son propre chef-d'œuvre... Ce parallèle avec le personnage de Balzac me permit de chercher en Pierre Yves la faille qui justifiait mon à-plat-ventrisme universitaire et mon respect servile du temps. Je compris vite que Pierre Yves, bien qu'extrêmement intelligent, ne pouvait finir un bac. Il y avait là pour lui une douleur incommensurable...

Terminer quelque chose en son nom lui était tout simplement impossible.

Je valais donc plus que Pierre Yves sur le marché des valeurs intellectuelles, précisément parce que la valeur se mesure à la capacité de finir quelque chose, même médiocrement...

J'ai rencontré dans ma vie un autre garçon tout à fait aussi singulier qui a fait l'objet de la deuxième anecdote que j'ai servie à mes étudiants dans mon cours. Alors que j'avais 23 ans, il y avait dans mon cercle de connaissances, un gars à peine plus vieux que moi, qui avait fait des études d'art, de philosophie pour finalement se retrouver en lettres, où il commençait un doctorat. Ce doctorat, cela fera vingt-cinq ans cette année que Clive le fait, sans jamais le finir ou le déposer. Clive vient de fêter son cinquantième anniversaire en février dernier, et son doctorat continue à être la promesse qu'il ne tient pas, mais qu'il continue à faire contre vents et marées. Je ne crois pas que Clive soit simplement un *loser*. Il est vrai qu'il vit avec peu d'argent et que le temps qu'il consacre à ses études ne lui laisse guère le temps de penser à sa vie matérielle. Mais je suis persuadée que Clive est un artiste, un vrai. Comme Frenhofer. Il y a en lui le désir d'un texte idéal qui ne peut se manifester que dans une absence, une impossibilité ou dans un échec. Il a « choisi » une vie que je respecte et que parfois j'envie. Clive a réalisé son rêve (le mien ?), qui n'était pas celui du doctorat, mais bien plutôt celui de faire des études toute sa vie, ce que la vie de professeur ne donne pas, malgré ce que l'on pense et malgré tout le flafla que l'on fait sur la recherche.

J'aurais pu raconter à mes étudiants une troisième anecdote. Si je la leur ai cachée, c'est pour ne pas leur faire peur. Il s'agit de l'histoire vraie de ce jeune homme avec lequel j'ai fait mes études et qui après des années et des années passées au doctorat a finalement déposé sa thèse pour se suicider quelques jours avant sa soutenance. Comme si la fin là avait laissé cet homme sans rêve. Comme s'il s'était vidé de lui-même et avait trouvé dans le corps de son texte un lieu de vie et de survie plus propice à lui-même que son propre corps. À moins que Jacques ne soit mort de honte, de n'avoir pu produire, après tant d'efforts, qu'un malheureux doctorat qui serait jugé, de toute façon, cavalièrement. Comment rendre justice à tant d'acharnement, à ce qui a été la matière d'une vie ?

Je ne sais pas toujours comment faire avec mes étudiants qui n'arrivent pas à finir leur bac, leur maîtrise ou encore leur doctorat. Je ne doute pas de mon désir de les voir finir, même si je peux être d'accord avec eux quand ils me disent que les diplômes ne sont pas tout dans la vie. Oui, c'est vrai. Mais même si je pense que Clive a peut-être mieux fait que moi, en restant éternellement celui qu'il était, mon rôle (mon destin...) est de pousser les étudiants à finir, à tenir la promesse qu'ils se sont faite, qu'ils m'ont faite. Je dois enseigner que nous ne sommes pas des dieux et qu'il est impossible de faire sortir Athéna tout armée de nos têtes. À sa naissance, notre progéniture est handicapée ou encore peu habile sur ses jambes. Mon travail est de faire advenir une fin, même si celle-ci constitue un avortement de l'idéal. Je suis celle par qui la déception arrive. C'est pour cela que je suis payée.

Dans un texte de 1971 (au numéro 47 de la revue *Tel Quel*, intitulé « Écrivains, intellectuels, professeurs »), Barthes raconte de façon amusante ce que l'enseigné demande à l'enseignant. Pour ceux qui ont le fantasme de la thèse (« pratique timide d'écriture, à la fois défigurée et protégée par sa finalité institutionnelle »), l'enseignant a pour tâche de garantir la réalité de ce fantasme. Quelle est cette étrange tâche que de garantir la réalité d'un fantasme, demande Barthes, et n'y a-t-il pas là un paradoxe insoutenable ? C'est en effet un étrange travail que celui d'être enseignant. Mais le premier devoir de celui qui est professeur reste de garantir la réalité du rêve de l'étudiant, tout en étant capable de faire accepter une certaine déception inhérente à toute réalisation.

Souvent des professeurs, des directeurs de thèse zélés empêchent leurs étudiants de mettre un terme à leurs travaux, en les renvoyant sans cesse à un travail infini, en garantissant ainsi la pureté du rêve sans pouvoir aider à le concrétiser. Souvent, aussi, des professeurs s'attachent seulement aux conditions de réalisation des thèses (bourses, projets acceptés, publications, colloques) et arrivent à faire renoncer les étudiants à leur propre fantasme, qu'ils remplacent par ceux du professeur, plus pragmatiques, plus réalisables. Pourtant, la tâche de l'enseignant au primaire comme à l'université est de permettre une dialectique entre le fantasme et sa réalisation. Et pour l'enfant ou encore l'étudiant qui n'aurait pas de rêve (cela arrive), c'est à l'enseignant de tenter de lui permettre d'en trouver un, de rêver pour lui, avec lui, de quelque chose de grand.

Malgré ma fascination pour Pierre Yves et Clive, je soutiens quand même qu'il faut finir ce qui a été commencé, parce que finir ce n'est pas « en finir ». Dans la fin, quelque chose continue. La mort seule garantit une fin qui en finit avec elle-même.

Je nous rassure : à nos thèses, nos travaux, nos mémoires, nos malheurs et nos bonheurs, à nos amours, il n'y a de toute façon pas de fin. Malgré les points finals, les points sur les « i » et les poings dans la gueule. Les idées, les êtres, les rêves, tout continue à nous hanter. Jusqu'à la fin. Avec laquelle il vaut mieux ne pas vouloir en finir.

Nos vies avortées

« Ce qui n'a pas eu lieu doit aussi des comptes à la mémoire. »

Cette phrase de l'écrivain Maurice Blanchot ne cesse de me hanter, comme si elle était là pour me rappeler que lorsque j'en aurai fini avec les événements de mon passé et celui des miens, je devrai me pencher sur tout ce qui est resté mort-né dans ma vie, ce que j'ai, consciemment ou inconsciemment, étouffé dans l'œuf. Je devrai réfléchir sur les choses que je n'ai pu accomplir, les rêves que je n'ai pu mener jusqu'au bout.

Sur son lit de mort, mon oncle que j'admirais plus que quiconque et qui était un homme très sage, ne se souvenait pas de tout le bien qu'il avait fait autour de lui. Il évoquait les voyages qu'il n'avait pu faire durant sa vie, les lieux qu'il n'avait pas vus, les gens qu'il n'avait pu connaître, aimer ou voir suffisamment. Aux yeux de mon oncle, ce qui restait de sa vie était précisément le spectre des choses non advenues. Ce n'était pas seulement du regret que mon oncle exprimait ainsi. Au moment de sa mort, devant celle-ci, il effectuait un travail de remémoration de ce qui n'avait pas pu exister. Ce travail de deuil de ce qui n'avait jamais eu lieu le conduisit étrangement à accepter sa propre disparition.

J'ai une sainte horreur de celui ou de celle qui dit inopinément : «Toi et moi, il y a vingt ans, nous aurions pu être ensemble, nous aimer, faire de grandes choses, vivre follement...» Dans cette logique, de parfaits inconnus mènent une vie imaginaire ridicule où ils sont d'éternels fiancés... La soupe du passé virtuel ne sent guère bon, surtout quand on la remue trop. Elle finit par donner la nausée. Certains livres et certains films sont friands de cette potentialité avortée, d'un jadis embryonnaire, vite mort, qui, par la magie de la nostalgie d'une non-existence, se transforme soudainement en un «depuis toujours».

En fait, je déteste les êtres qui passent leur temps à me parler des livres qu'ils n'ont pas écrits, des enfants qu'ils n'ont pas eus, des choses qu'ils n'ont pas accomplies, parce qu'ils ne peuvent s'empêcher de voir en cette non-existence le lieu même de leur authenticité et de leur vérité. Quoi de plus pur que ce qui n'a jamais vu le jour ? Quoi de plus vrai ? Qui pourrait contester la force du non-être dans lequel la réalité n'a pas foutu son vilain nez ?

Pour mon équilibre psychique, je veux croire que nous devenons ce que nous faisons, et je me force à penser que le non-advenu est une chose inintéressante. En aucun cas, je ne supporte l'attachement que produisent les avortements dans nos vies. Je suis, on me le répète souvent, beaucoup trop dure pour croire en de telles fictions...

Tenir compte déjà, avant d'être sur mon lit de mort, de ce qui n'a pas eu lieu serait un travail colossal, que je préfère ne pas mener, et que je laisse en chantier, quitte à ce que quelqu'un d'autre l'accomplisse pour moi, après moi.

Pourtant, depuis deux mois, j'ai un texte en tête que je n'écris pas et qui est peut-être malgré tout le moteur de tous ceux que j'écris en ce moment. Ce fantôme de récit que je ne veux pas voir vivre fait malgré lui des petits et reste le moteur de pas mal de mes mots. De même, mon oncle m'a dit toute mon enfance et mon adolescence que j'étais la fille qu'il n'avait pas eue. Dans cette phrase, j'ai existé comme celle qui a fait advenir quelque chose de ce rêve. Que je le veuille ou non, le non-advenu lègue quelque chose à la vie et nourrit celle-ci, tout en l'empoisonnant... J'ai été la « fille de remplacement » de mon oncle. J'ai pris la place de son enfant idéale, de celle qui n'est jamais née et cela n'a pas été sans faire de moi une combattante.

Nous poursuivons peut-être toujours le rêve irréalisé et irréalisable d'un ou d'une autre. Il me semble qu'il importe peu de nous pencher sur ce que nous n'accomplissons pas de nous-mêmes. D'autres le feront pour nous. Nous achevons plutôt ce que des êtres, avant nous, n'ont pu accomplir. Nous écrivons nos vies, nos récits sur et dans les blancs de l'histoire qui nous est léguée. Nous faisons exister ce qui n'a pu voir le jour pour quelqu'un que nous aimions ou que nous connaissions.

Les œuvres sont sans doute faites de cette matière-là. Elles font apparaître les fantômes du passé. Et il ne s'agit pas ici des fantômes de nos morts, mais bien plutôt des spectres livides de ceux qui ne sont pas nés. Nous bâtissons nos vies sur les espoirs mort-nés des autres.

Je suis tombée récemment sur le film de Lars von Trier *Medea*. Or, Lars von Trier a repris le manuscrit de 1965 d'un film non réalisé par Carl Theodor Dreyer. Si le réalisateur de *La passion de Jeanne d'Arc* n'a pu faire le film par manque d'argent, Lars von Trier, alors âgé de trente et un ans en 1987, décide de mettre en scène ce que son père spirituel, tout aussi danois que lui, n'a pu accomplir. Il en résulte un film sublime dont peu de gens parlent quand ils mentionnent le travail de Lars von Trier.

C'est dans le non-advenu du rêve de Dreyer que von Trier s'est installé pour faire apparaître Médée, telle qu'en elle-même. Dans la poursuite de l'achèvement de l'œuvre de l'autre cinéaste, le jeune réalisateur danois a pu fonder son propre style, imaginer et bâtir son futur.

On dit aussi que Georges W. Bush (et c'est ce que nous montrerait, entre autres, le film *W.* d'Oliver Stone) a envahi l'Irak pour achever le rêve de son père Georges qui avait toujours été tristounet de ne pas avoir éliminé Saddam Hussein. Oui, c'est aussi cela les rêves avortés auxquels on donne une naissance improbable. Ils peuvent être des œuvres magistrales mais aussi et surtout des choses infâmes, des actes de vengeance et de ressentiment.

Rien ne garantit la beauté de la venue au monde ou de l'accomplissement du rêve mort d'un autre.

Il est des rêves qu'il faut sans cesse assassiner. Dans l'œuf...

L'étoffe de l'Histoire

Il y a quelques semaines, en fouinant dans un magasin, j'ai trouvé un grand foulard bleu marine en lin fait en Inde que j'ai tout de suite voulu acheter sans comprendre tout à fait pourquoi. Il me semble que je ne devais pas me procurer cet objet. Je n'aime pas les foulards ni les écharpes que je passe mon hiver à perdre, et qui vont rejoindre, je l'espère, mes gants et mes bonnets égarés. Je n'aime pas le bleu marine, jamais assez noir à mon goût. Et surtout je ne veux pas acheter de vêtements, parce que j'en ai déjà trop et que je ne sais qu'en faire. Pourtant ce foulard me rappelait quelque chose. Je ne savais pas ce que c'était, mais à chaque fois que, dans la boutique je m'éloignais de lui, j'étais très vite prise de l'envie folle de le voir à nouveau, de le regarder, de tenter de saisir ce qui faisait signe à ma mémoire pour aussitôt s'enfuir. Après avoir essayé de diriger mon attention vers une paire de chaussures et un sac à main pas chers, je fus bien obligée de constater que mon cœur et mon esprit étaient avec le foulard bleu marine, et que je me devais de l'acheter...

C'est l'odeur, je crois, de ce foulard qui m'a ensorcelée et qui m'a poussée à vouloir ce petit morceau de tissu pourtant bien insignifiant... Depuis que je possède ce foulard, je ne le quitte plus. Moi qui achète toujours des vêtements sans pouvoir les porter et qui les mets en quarantaine avant de me les approprier, j'ai dormi tout de suite avec lui, mon nez enfoui dans son odeur. Oui, c'est ce parfum qui se joue de moi, le parfum des années soixante-dix où nous achetions des vêtements indiens faits à la main, qui se décoloraient doucement et qui dégageaient des effluves enivrants de teinture naturelle. Ce vêtement s'est en quelque sorte emparé de mon corps et j'ai décidé de ne pas lui résister, ne sachant pas, de toute façon, comment lui dire non. Avec lui, surgissent des sensations oubliées, des moments séquestrés. Depuis que je le porte, sont apparus des souvenirs que je ne savais pas encore vivants.

J'avais, en 1973, une tunique bleu marine en lin toute froissée, très délavée à laquelle mon foulard ressemble comme un frère. C'est cette tunique que j'ai retrouvée dans cette boutique de la rue Saint-Denis et dont le temps m'a refait cadeau. Je n'aimais guère cette tunique bleue que ma mère me forçait à porter, mais aujourd'hui, elle m'est redonnée en prenant un autre sens et j'avoue que depuis quelques jours je me réconcilie avec elle.

J'entretiens avec les objets un rapport de répétition. En effet, je me rends compte avec ce foulard que finalement j'achète toujours les mêmes vêtements dont la couleur ou la forme varie très légèrement selon mes humeurs ou encore les modes.

Au début des années quatre-vingt, j'ai eu une période furieusement japonaise où je cultivais les bonsaïs et où je ne jurais que par un dépouillement zen et plus largement par l'Asie. J'étais une fan de Tina Chow (morte depuis du sida) que mon amie Denyse Beaulieu, experte dans la mode, m'avait fait connaître. Je portais alors les cheveux ras surmontés d'une grande mèche colorée qui pouvait cacher mon cuir chevelu mis à nu et j'étais fière de me maquiller en geisha punk.

En ce moment, je crois que je revis quelque chose de cette époque asiatique, même si ce foulard venu tout droit des années soixante-dix voudrait me faire mentir et joue à me perdre dans mes voyages à travers le temps. Quelque chose dans l'air du temps me fait dire que je suis en train de renouer avec ce passé où je vénérais le Japon et où tout le monde savait prononcer les noms de Rei Kawakubo, Issey Miyake et Yohji Yamamoto sans bégayer. C'était au début de l'épidémie du sida. Les années catastrophiques de ma vie. Et même si je ne pense pas que les tuiles vont s'accumuler dans mon existence, j'ai l'impression que nous vivons en ce moment une époque de douleurs...

Dans les années quatre-vingt, mon coiffeur Graham McEwen, lui aussi mort du sida depuis, me disait que tout se répétait toujours dans la vie, comme dans la mode, mais il croyait que de cette répétition naissait nécessairement de l'inattendu. Je me redis souvent les paroles de Graham quand je me sens abrutie par l'impression de déjà vu qui condamne si souvent le présent et l'avenir. J'ai envie que le monde se métamorphose, que la vilaine tunique de mes douze ans se transforme en foulard ou en tapis volant qui me conduira vers les mêmes cieux connus, certes, mais plus bleus.

Hier, alors que sur les sites Internet les gens se déchaînaient contre Michelle Obama qui ose porter des robes ou des pulls sans manche montrant ses bras, je me suis accrochée, dans la colère noire que je piquais contre tous ces misogynes, à l'idée qu'avançait un internaute moins con que les autres. Il nous montrait que Michelle Obama avait peut-être à l'esprit l'idée de reprendre le style sixties de Jackie Kennedy. Pour Michelle, il était peut-être question de citation, de répétition inconsciente de celle qui fut la plus élégante des femmes de présidents américains. Michelle n'est peut-être pas seulement une sale bonne femme qui veut montrer, malgré son âge, qu'elle a des beaux bras. Elle a peut-être l'idée de s'inscrire dans une lignée, de faire un clin d'œil à l'histoire.

Les Obama font avec la répétition, la reprise, la citation. Barack lui même est allé au théâtre Ford où Lincoln a été assassiné en 1865, pour fêter le bicentenaire de la naissance du seizième président américain. C'est sur la Bible de Lincoln qu'Obama a fait son serment d'investiture, après avoir imité Lincoln à sa propre investiture et refait le chemin en train qui mène de Philadelphie à Washington. On a comparé la présence de Malia et Sasha Obama à la maison Blanche à celle des enfants Kennedy en 1962 et 1963 et Caroline Kennedy a parlé de Barack en le rapprochant de son père. Que Michelle se réclame consciemment ou inconsciemment de la veuve de Kennedy ne nous étonnerait pas. Depuis qu'Obama a commencé sa campagne, tout le monde (Hillary Clinton en tête...) pense à son possible assassinat. Et là, les modèles ou spectres de Kennedy et de Lincoln sont pour tous très présents.

On ne peut pas s'inscrire dans l'Histoire, se réclamer d'un héritage sans prendre le risque de la répétition, sans vivre la possibilité d'une certaine mort déjà inscrite dans le temps qui nous précède. Obama sait qu'il ne peut tout inventer et qu'il doit reprendre le fil de l'histoire et retisser la trame d'un temps décousu de façon chaotique par les époques qui se suivent et qui ne filent pas droit. Je ne sais si les Obama ont peur de cette répétition. Ils ne sont pas bêtes, c'est le moins que l'on puisse dire d'eux. Ils n'ont pas pu ne pas penser à la tragédie que constituerait une histoire qui se répèterait. Pourtant, devant la folie du temps qui nous nargue, ils ne montrent pas leur peur.

J'aime cette phrase de Marx que je répète sans cesse : «Tous les grands événements et personnages de l'histoire du monde se produisent pour ainsi dire deux fois... la première fois comme une grande tragédie, la seconde fois comme une farce sordide...» Je crois que pour éviter la farce qu'est la répétition, il faut pouvoir habiter le temps historique qui ne cesse de nous hanter et de revenir.

En ce moment, Barack va au théâtre et Michelle se vêt en Jackie Kennedy. Je ne pense pas que les Obama iront à Dallas en décapotable, mais ils n'hésiteront pas à s'ancrer dans un certain passé, pour faire advenir le présent.

Du tissu du temps, on peut tirer les fils et refaire la trame. C'est ce que mon foulard bleu, si commun, me dit tout bas durant les nuits qui se répètent.

Un jour, j'irai dans la vallée de l'Hunza

Par les temps qui ne courent pas mais qui rampent, frileux, j'ai envie d'ailleurs, de m'abîmer dans la couleur bleu pervenche d'un ciel sans nuages, de plonger dans le blanc des neiges de l'Himalaya, de respirer le jaune vibrant d'une fleur en Mélanésie, de partir sur les routes... Je voudrais aller me promener avec Ella Maillart en Mongolie, passer l'hiver au Proche-Orient avec Anne-Marie Schwarzenbach, vivre un automne dans le Sahel tunisien à grimper sur les dunes comme un chameau avec Isabelle Eberhardt ou encore, faire un crochet par l'Afrique du Nord, après avoir rêvé d'un soleil purpurin dansant sur une mer noire, violette, aller rejoindre Alexandra David-Néel en Inde ou dans une caverne d'ermite au nord du Sikkim.

J'ai envie de partir...

Toutes ces filles extraordinaires, ces exploratrices du vingtième siècle qui ont ouvert le chemin pour tant de jeunes femmes m'appellent. Elles font résonner le monde dans leurs souffles d'outre-tombe, dans leurs livres que je respire à pleins poumons pour m'enivrer de l'ailleurs. Je voyage avec les *Écrits sur le sable* d'Eberhardt que mon amie Isabelle Larrivée m'a fait connaître, il y a plus de vingt-cinq ans, peu avant son départ à elle pour le Maroc. À cinq heures du matin, dans la pénombre froide de mon appartement montréalais, sonne « l'heure mortelle du midi ». Soudain, « la chaleur s'épanouit sur les terrasses incandescentes et sur les dunes qui scintillent au loin. Quelque part une voix surgit, l'homme des mosquées annonce la prière du milieu du jour. Des vapeurs rousses montent des terrasses qui se fendent. » « Dans l'air immobile, lourd comme du métal en fusion, aucune brise ne passe, aucun souffle. » Tout à l'heure, je me mettrai à la lecture du Coran, et devant les maladies et les morts que novembre charrie dans mon pays du Nord, je dirai, impassible, en croisant les bras : « Mektoub ! » Tout à l'heure, je dévorerai le livre *Trois ans au Tibet* de Ekai Kawaguchi. Je saluerai ce prêtre japonais qui au début du vingtième siècle, sur les traces de Sven Hedin et Chandra Das, s'est rendu à Lhassa en dissimulant son identité alors que les étrangers étaient interdits de séjour dans « la demeure des neiges ». Je mangerai alors à pleine bouche les glaces presque éternelles du Siachen. Tout à l'heure, j'irai m'agenouiller avec Schwarzenbach près du tombeau d'Hussein Ghazi, dans le sanctuaire vénéré qui s'élève sur la montagne, pas très loin d'Ankara. Des femmes seront « accroupies près du fleuve couleur d'argile », et en me voyant, « un âne lèvera la tête, couchera ses oreilles en arrière » et me sourira. Tout à l'heure encore, je méditerai les leçons du sage Atmananda du Kerala, avec lequel Ella Maillart a tant découvert, et j'apprendrai à vivre le présent. Oui, tout à l'heure, dans la grisaille de Montréal, parmi les propos idiots, xénophobes, qui détruisent mon quotidien, je suivrai le premier étranger et la première étrangère venus, et je mendierai pour qu'ils me prennent par la main ou qu'ils me bercent dans leurs mots que je ne connais pas.

«À vrai dire je voyage avec vous... parce que je voyage avec vous! Ce n'est qu'après coup que l'on arrange des explications.» C'est ce qu'Ella Maillart répondit à Anne-Marie Schwarzenbach lorsque cette dernière lui demanda pourquoi elle avait été choisie comme compagne sur les routes qui mènent en Afghanistan. Quand Maillart part en Ford de Genève pour aller à Kaboul avec Schwarzenbach en 1939, elle a peut-être l'idée de sauver Anne-Marie de la drogue. Il est vrai qu'elle se fait du souci pour cette jeune femme presque du même âge qu'elle, mais qui mourra à trente-quatre ans, alors qu'elle, Ella, parcourra le monde jusqu'à quatre-vingt-quatorze ans. Ella se demande peut-être comment sauver Anne-Marie de l'autodestruction qui la ravage et espère découvrir dans le voyage quelque chose de bénéfique pour son amie. Mais c'est surtout à l'arbitraire de la rencontre que se soumet Maillart. Le voyage est fait de hasards, de moments et d'occasions fortuites auxquelles la voyageuse doit obéir. En ce sens, il est semblable à la vie. C'est à travers lui que peut s'appréhender ce qu'est une existence dans ce qu'elle a d'aléatoire. Ce n'est pas avec Anne-Marie que Maillart continuera à voyager, C'est avec sa chatte Ti-Puss qu'elle se retrouvera sur les routes de l'Inde dans les années quarante. C'est avec Ti-Puss qu'elle se baignera dans le Gange et sera présentée au Maharishi, le Sage de Tiruvannamalai. C'est avec Ti-Puss qu'elle découvrira Bénarés, la « salle d'attente de la mort corporelle », « la frontière de l'au-delà ». C'est avec Ti-Puss qu'elle apprendra à dire au revoir à tout ce qu'elle aime : elle laissera partir sa chatte, celle qui, par sa nature, rêve de liberté.

Peu de temps avant sa mort, mon ami Thierry Hentsch qui avait beaucoup voyagé m'a fait le récit d'un de ses voyages au nord du Pakistan, dans la vallée de l'Hunza, je crois. J'ai mis longtemps à reconstruire le nom de ce lieu magique que Thierry me décrivit ce jour-là comme s'il s'agissait du ou d'un paradis. J'ai du mal encore aujourd'hui à affirmer avec certitude qu'il s'agit bien de cet endroit géographique. Sans le savoir tout à fait, Thierry me parlait d'autre chose. Il imaginait l'au-delà qu'il avait peut-être déjà rencontré sur les chemins nombreux, fructueux de sa vie. Ce jour-là, mon ami me parla longtemps de cette vallée magnifique qu'il espérait être, je le devinai ou l'inventai, semblable à la mort qui approchait. En lisant Schwarzenbach l'autre jour, j'ai tremblé : « Tous les chemins que j'ai suivis, tous les chemins dont je me suis détournée, ont abouti ici, dans cette "Vallée heureuse" d'où il n'y a plus d'issue, et qui, pour cette raison, doit être déjà semblable à un lieu de mort » (juillet 1935).

Voyager, je le crois, c'est apprendre quelque chose de la mort. C'est chercher l'endroit qui se tient à la frontière du monde des vivants et de celui des morts. Il y a des lieux qui sont si beaux qu'ils nous donnent envie d'y mourir ou d'y vivre éternellement...

À ceux qui proposent aux hommes et aux femmes venus de loin, d'un ailleurs fabuleux ou dévasté, de retourner dans leur pays, je répondrai pour eux avec les mots de Maillart: «À vrai dire, j'ai le "mal du pays" pour un pays qui n'est pas le mien.»

Oui, et c'est peut-être là la vraie appartenance. Le mal de ce pays impossible, que l'ailleurs nous révèle violemment.

Trop beau pour être vrai ?

Deux jeunes gens que je connais un peu et que j'aime beaucoup sont partis il y a quelques jours pour la première fois en Europe. Ils ont quelque chose comme vingt ans et découvrent dans la fièvre, la joie, les lieux dont ils ont toujours entendu parler, les noms de rues, de monuments, de musées qui ont bercé toute leur adolescence. Sur Internet, ils font le compte-rendu enthousiaste de leurs rencontres folles, de leur bonheur. Je les suis de loin, partageant leur ravissement. Je ne sais pas si tout leur plaît en Europe. Mais ils sont là-bas… Enfin ! Cela constitue en soi un véritable enchantement. Quelque chose de complètement impensable et pourtant bien réel a lieu. Les deux jeunes voyageurs en sont encore babas. Il ne leur en faut pas plus pour planer.

En lisant leurs péripéties de voyage, je n'ai pu m'empêcher de songer à la première fois que j'ai vu le Pacifique. J'avais trente-sept ans. Le Pacifique n'est pas l'Europe. Dans la culture que nous recevons au Québec, il est moins habité par les fantômes des livres que nous avons lus. Pourtant, quand j'ai posé le pied sur la grande île dont je ne connaissais même pas le nom avant d'avoir acheté mon billet d'avion, j'ai pensé à Daisy Bates, à Robert Louis

Stevenson ou à Margaret Mead. Leurs mots me guidaient et je me coulais en eux. Voir le Pacifique a été une joie pour moi. Un rêve que je croyais irréalisable et qui l'est en quelque sorte resté... Un jour récent, alors que l'on me demandait si j'avais vu telle ancienne plantation à Oahu, j'ai répondu distraitement : « Non, je ne suis jamais allée dans le Pacifique, mais j'en rêve ! » pour m'apercevoir immédiatement que je disais n'importe quoi, que je répondais automatiquement, comme cela m'arrive si souvent. Je suis allée là-bas, j'y suis restée un peu, j'y suis même retournée plusieurs fois. Il me semble pourtant que ce bonheur pour moi reste inassimilable, que je ne peux que demeurer celle qui rêve du Pacifique mais qui ne l'a jamais vu. Il y a dans la réalisation de mon désir quelque chose de proprement impossible. On ne s'habitue pas au bonheur. Il demeure étranger à certains.

Dans un texte intitulé « Trouble de mémoire sur l'Acropole », le père de la psychanalyse, Sigmund Freud, écrit à Romain Rolland une lettre pour célébrer le soixante-dixième anniversaire de celui-ci. Freud, dans sa missive célèbre à Rolland, constate qu'il ne sait quel récit offrir à l'écrivain en guise de cadeau d'anniversaire. Il voudrait bien lui livrer quelque chose qui puisse rendre hommage au talent de Rolland mais ne voit pas trop quoi écrire.

À cette époque, Freud a quatre-vingts ans. Il a dix ans de plus que Rolland et tout ce qu'il peut donner, c'est son expérience, une analyse de sa psyché, une réflexion sur soi qui servira peut-être au « jeune » Rolland. Que peut donner Freud ? À quatre-vingts ans, peut-être rien d'autre que la psychanalyse dont il nous a déjà fait cadeau. À quel type de don est contraint celui qui a un talent, un don justement, *a gift* ? Mick Jagger ne peut donner qu'un concert et Freud qu'une histoire de psychanalyse... Freud se résout à faire don d'un petit récit, à raconter une anecdote d'importance pour lui. Celle-ci, alors qu'il est maintenant bien âgé, lui revient souvent en mémoire, sans qu'il sache toutefois pourquoi.

En 1936, Freud décrit donc pour Romain Rolland comment, en 1904, alors qu'il avait déjà quarante-huit ans, il s'est rendu avec son frère pour la première fois à Athènes, sur l'Acropole. Or, cette Acropole, qui hante Freud depuis ses études classiques au lycée, cette Acropole mythique dont il a entendu parler depuis son enfance d'étudiant très éduqué, pour qui la Grèce est fondatrice de la culture, lorsqu'il la voit, provoque immédiatement en lui un sentiment étrange. Freud constate un immense décalage entre l'Acropole imaginée depuis toujours, l'Acropole de ses livres, de ses professeurs et celle qui se dresse devant lui et son frère pour la première fois en 1904. Il s'exclame alors : « Ainsi tout cela existe réellement comme nous l'avons appris à l'école ! » Freud n'en croit pas ses yeux et doute de la réalité de sa présence sur l'Acropole et même de l'existence de cette dernière. Il compare son étonnement à celui d'un voyageur qui, en se promenant au bord du Loch Ness, rencontrerait le monstre légendaire et se dirait : « Il existe donc vraiment ce serpent de mer auquel nous n'avons jamais cru!» L'Acropole pour Freud reste quelque chose de terriblement mythique. Une légende qui n'a droit de cité que dans l'esprit.

Dans un de ses textes, Marguerite Duras a écrit qu'« aucun amour au monde ne peut tenir lieu de l'Amour». On a beaucoup interprété cette phrase en pensant que l'idée de l'amour, son absolu, ne peut se matérialiser. La réalité de la vie amoureuse en quelque sorte décevrait toujours celui ou celle qui a rêvé d'amour, qui y a cru. La réalité serait toujours médiocre, banale et seul le rêve est grand. Or, il faut peut-être, à la lumière du cadeau fait à Rolland par Freud, à la lumière du don d'un vieil homme sage qui connaît (et l'on ne me contestera pas cela) la psyché humaine, commencer à penser les choses différemment et ne pas toujours croire que la réalité nous déçoit.

Ici, il ne faudrait pas imaginer que l'Acropole réelle, quand Freud la voit enfin, à quarante-huit ans, trahit son rêve fou. Non! Entre le fantasme de voir l'Acropole et sa réalisation, ce n'est pas la désillusion qui prévaut. Au contraire. L'Acropole comble Freud et sa vue est: « *Too good to be true*», comme il l'écrit lui-même en anglais, pour bien exprimer son état d'âme... C'est la réalité qui, tout à coup, est suspecte, trop grandiose, trop désirée. C'est l'Acropole qui semble être un rêve alors que l'image de celle-ci reste plus familière, plus vraie, plus banale. Freud avoue à Rolland sa mauvaise humeur quand on lui a proposé d'aller à Athènes voir l'Acropole, tant il ne peut supporter la réalisation de son désir. Le fondateur de la psychanalyse aurait-il lui aussi du mal avec le bonheur, celui de contempler enfin l'objet qu'il a tant attendu de voir? Il a pourtant écrit qu'on ne renonce jamais à un désir. C'est une phrase que je me suis toujours répétée. Freud a raison. Nous ne renonçons pas à nos désirs. Mais souhaitons-nous vraiment leur réalisation? L'idée qui nous tient en vie n'est-elle pas précisément de ne jamais renoncer à quelque chose que nous croyons malgré tout inaccessible? Ne tremblons-nous pas un peu, comme le père Freud, quand nous voyons notre Acropole personnelle, ce lieu ou cette personne dont nous rêvions tant?

L'amour réel, l'amour quand il a lieu, est peut-être pour nous tous l'Acropole de Freud. Je me demande en riant si la réussite d'un désir ne nous met pas un peu de mauvaise humeur. N'oublie-t-on pas le bonheur vite parce qu'il nous surprend à être heureux et que nous n'aimons pas trop, après tout, les surprises? N'y a-t-il pas dans le bonheur qui parvient à certains moments de l'existence quelque chose de trop, de « *too much* », de « *too good to be true* », qui nous empêche d'y croire ou de le préserver? Dans sa lettre-cadeau, Freud (toujours pessimiste...) distingue deux types de gens, ceux qui sont malheureux de ne pas réussir et ceux qui sont incapables de supporter leurs victoires: « Je rappelle pourtant que j'ai traité naguère le cas analogue de ces personnes qui, comme je le disais, "échouent à cause de leur succès". Dans les autres cas, on tombe le plus souvent malade à cause de l'échec, du non-accomplissement d'un besoin ou d'un désir vital; mais chez ces personnes c'est le contraire, elles tombent malades et même font naufrage parce qu'un de leurs désirs,

[257

doué d'une intensité exceptionnelle, a trouvé son accomplissement. »

Freud, le grand Freud, qui a réussi la psychanalyse, serait de ceux qui ont du mal à voir leur désir se réaliser. Dans le cas de l'Acropole, il explique que s'il a eu tant de difficulté à être content de voir Athènes en 1904, c'est qu'il éprouvait en quelque sorte une culpabilité par rapport à son propre père. Alors que lui et son frère contemplaient l'Acropole que leurs études leur ont donné à désirer et enfin à voir, Freud ne pouvait s'empêcher de penser (inconsciemment, bien sûr...) à son père négociant, sans éducation, qui n'aurait pas su vraiment ce que signifiait l'Acropole et qui n'aurait pas eu de bonheur de voir Athènes. Or, Freud interprète que c'est cette culpabilité d'avoir été plus loin que son père, d'avoir rêvé autre chose et accompli son propre désir qui l'empêche de ressentir complètement de la joie devant l'Acropole.

Cette interprétation de Freud, je l'accepte. Nous pourrions nous dire qu'il y a toujours en nous une culpabilité. Que nous transgressons un interdit que notre famille ou la culture judéo-chrétienne nous ont inculqué. « Il ne faut pas voir trop grand. » Nous devons toujours trahir celui ou celle que nous avons été pour parvenir à faire des choses. Il y a dans la réalisation de nos rêves un assassinat de nous-mêmes, de notre enfance, de ceux qui sont venus avant nous.

Mais pourquoi ce souvenir précisément revient-il à Freud alors qu'il a quatre-vingts ans ? Il finit son texte en écrivant : « Maintenant vous ne vous étonnerez plus que le souvenir de cet incident sur l'Acropole revienne si souvent me hanter depuis que je suis vieux moi-même, que j'ai besoin d'indulgence et que je ne puis plus voyager.» Celui qui n'a plus droit à la réalisation de ses rêves, puisqu'il ne peut plus faire encore advenir ceux-ci que sur le mode du souvenir, celui qui ne peut plus que rêver de l'Acropole, sans pouvoir encore la voir, a besoin peut-être de croire que la réalité est malgré tout impossible, que le rêve est la seule chose avec laquelle nous sommes capables de vivre.

Là-dessus, j'espère ne pas être comme Freud et apprendre à vivre avec le «*too good to be true*» dont nous fait cadeau le monde parfois. Ce désir que j'ai ne sera pas facile à réaliser. Je me connais... Mais je crois que j'y parviendrai. Dans la joie, bien sûr.

Il faut sauver le Michigan

Tout va mieux... Il me semble que je peux commencer à respirer. Ces derniers temps, j'étouffais. Un poids sur ma poitrine. Une épée de Damoclès au-dessus de ma tête. Une sensation terrible. Mais je pense que ça va aller... Déjà, oui, je me sens plus à l'aise.

Le prix de l'essence a baissé... Les billets d'avion coûtent moins cher... Aux États-Unis, en ce moment, certains concessionnaires vous offrent deux voitures pour le prix d'une. Si les gens avaient de l'argent pour se payer une automobile, ce serait vraiment formidable d'en avoir deux. Moi-même, si je savais conduire, je m'achèterais bien une ou deux voitures pour Noël et je regrette aujourd'hui plus qu'à tout autre moment de ma vie de ne pas avoir passé mon permis.

Nancy Pelosi, la présidente de la Chambre des représentants aux États-Unis, a déclaré que la faillite des constructeurs automobiles de Détroit n'était tout simplement «pas envisageable».

Tout va bien, je le sens... Les bourses mondiales se calment depuis quelques jours. Il faut dire que le gouvernement américain va injecter de l'argent dans l'industrie automobile. Ben Stein, ancien proche de Richard Nixon et Gerald Ford, commentait l'actualité économique à CNN et applaudissait les efforts du gouvernement pour sauver l'industrie automobile. À ceux qui lui rétorquaient que l'inflation serait peut-être terrible, il répondait que l'on règlerait le problème quand il serait là. En ce moment, ce sont les emplois dans le secteur de l'automobile qu'il faut garder. On fera avec les choses quand elles apparaîtront... Il ne faut surtout pas planifier... C'était l'idée de Ben Stein, et il la défendait avec confiance : voir au jour le jour... Il a raison. C'est fou comme cela m'a rassurée... J'allais mieux. Je pourrai continuer d'aller au Wal-Mart, et piétiner un employé, sans haine ou amour. Rien ne s'arrêtera. L'économie ne s'écroulera pas. J'aurai droit à mon téléviseur et mon iPod pour les fêtes. Tout ira bien. Je suis contente, soulagée.

Je peux oublier tous les discours grandiloquents sur la fin de l'automobile, toutes les idées sur la nécessité de sortir notre civilisation de sa dépendance au pétrole, toute notre volonté de changer nos habitudes, de développer de nouvelles technologies. L'espoir de sauver la planète et d'arrêter de polluer se volatilise vite dans la reprise effrénée des fumées toxiques des usines de Detroit. Il faut ce qu'il faut : des emplois au Michigan, le cœur de l'économie des États-Unis. Alors pour le moment, on oublie tout. Laissons de côté nos principes. Il faut que l'économie ne s'écroule pas et que tout aille mieux... Que ça roule, comme on dit... Alors, ça va rouler.

La reprise économique va, nous promet-on, être possible. On remet nos résolutions à plus tard. Ce ne sera pas pour janvier 2009... Il faut agir maintenant. Pas pour le futur... Pas pour demain... Quand la planète explosera, quand l'apocalypse pointera son nez, on verra bien. Il sera toujours temps d'y penser... D'autres générations auront des ennuis. Mais elles sauront y faire. Elles sauront mieux s'adapter. Les enfants sont élevés avec l'ordinateur. Ils verront le monde autrement. Il ne faut pas s'inquiéter. Il n'y a que Detroit qui compte. Une chose à la fois...

Oui, je vais mieux. Je le sens profondément.

Rassurée par tout cela, je me mets dans mon lit et je commence à lire une biographie de la peintre mexicaine Frida Kahlo. En 1931, elle va vivre à Detroit, en « Gringoland ». En pleine crise économique, son mari, Diego Rivera, un communiste engagé, est invité par la Ford Motor Company, à peindre des fresques à la gloire de la technologie et de l'automobile. Pour Rivera, le révolutionnaire, Detroit était le symbole de l'industrie et du prolétariat nord-américains. Avec son épouse, Rivera visite Dearborn, le haut lieu de l'industrie automobile et croit, comme d'autres gens de l'époque (dont les futuristes russes avant lui ou encore les futuristes italiens autour de Marinetti), dans la machine comme facteur d'évolution sociale. Pour Rivera, Henry Ford rendait possible l'œuvre de l'État socialiste que Marx et Lénine avaient élaborée. Le Michigan en 1929 est déjà (!) durement frappé par la crise... Un million de chômeurs errent dans la ville de Detroit et dans le reste de l'État. Les employés acceptent des baisses de salaire considérables pour garder leur emploi. C'est à ce moment-là que Ford a l'idée d'inviter

Rivera pour redonner du courage aux travailleurs et chanter les louanges de la modernité. En temps de crise, il faut croire au progrès et remonter le moral des gens... Ford n'est pas un imbécile. Hitler l'admirait... Il ne faut pas oublier que dans l'automobile des années vingt et trente, il n'y a pas que l'espoir des capitalistes, mais bien le rêve de beaucoup de socialistes, néo-socialistes et communistes de l'époque qui souhaitent que le fordisme soit une libération pour les prolétaires. La machine délivrera les pauvres! Elle est le moteur du progrès, de la reprise économique. Un facteur de croissance qui rapportera à tous. Et les grands syndicats américains qui se sont développés dans le Michigan ont témoigné en quelque sorte, d'une façon fort paradoxale, de la force du prolétariat.

Frida Kahlo, elle, n'aime pas Detroit. Même si l'industrialisation la fascine, la nourriture qu'elle ingurgite loin de son Mexique natal, la société bourgeoise, l'antisémitisme de Ford la rendent furieuse. Elle qui souffrira toute sa vie des suites d'un accident de circulation qu'elle a eu à dix-huit ans n'est pas une inconditionnelle des machines... De plus, la pauvreté et la richesse qui se côtoient sans se rencontrer la troublent profondément :

> La High Society d'ici m'énerve et je suis un peu en colère contre tous les types riches, parce que j'ai vu des milliers de personnes dans la misère la plus noire, sans rien à manger et sans endroit pour dormir; c'est ce qui m'a le plus impressionnée ici; c'est effrayant de voir ces riches qui donnent des surprises-parties jour et nuit pendant que des milliers de gens meurent de faim. Les Américains vivent comme

dans une immense cage à poules, sale et peu confortable. Les maisons ressemblent à des fours à pain, et tout le confort dont ils font tant de cas est un mythe.

Enceinte de trois mois et demi, Frida fait une fausse-couche. Elle est alors conduite d'urgence à l'hôpital Henry Ford (mécénat oblige...) où elle reste treize jours à pleurer et à se vider de son sang. C'est là qu'elle conçoit un étrange tableau sur une plaque de métal: *Henry Ford Hospital* ou *Le lit volant*. Sur un lit, une femme nue saigne. Au fond se profilent des usines grises, celles de la banlieue de Detroit. Pour Frida, Detroit restera cette impossible naissance, ce fœtus mort qui est au centre de son tableau. Au Michigan, Kahlo ne peut que constater la mort qui apparaît dès la conception. Alors que Diego, en peignant des hommes aux poings fermés et des étoiles rouges, croit qu'à Detroit peut venir au monde le rêve de l'Internationale socialiste, Frida ne verra dans le ciel du Michigan que la naissance assassinée, que le gris de l'Amérique.

La question reste: pouvons-nous vraiment voir dans le ciel de Detroit notre avenir ou même notre présent? Marx avait son idée là-dessus. Mais comme il a eu tellement tort (!), peut-on encore citer cette phrase que je me répète à satiété sur la farce sordide qu'est la répétition de l'histoire?

C'est donc à la grande farce que nous sommes conviés...

Oui, j'ai confiance. Tout va bien.

La poubelle du temps

Dans *The Economist*, je lis l'histoire de cet homme, H. M.,
qui tout petit faisait sans cesse des crises d'épilepsie. Pour
lui épargner les souffrances de ce qu'on appelle « le grand
mal », un neurochirurgien lui ouvrit la boîte crânienne et
lui enleva une partie du cerveau, responsable de ses accès
de maladie. H. M. guérit donc. Il ne connut plus de crises
d'épilepsie, mais perdit la mémoire, puisque le médecin
lui avait enlevé un morceau qui servait précisément à
stocker le passé. Henry Molaison est mort tout récemment
à l'âge de quatre-vingt-deux ans, après avoir passé sa vie
sans aucun souvenir. L'homme pouvait répéter la même
anecdote trois fois en dix minutes. Il ne se souvenait
jamais des gens qu'il fréquentait et ne se reconnaissait pas
dans le miroir. H. M. n'avait pas d'identité, pas de possibilité d'être un être à part entière puisque l'histoire d'un
sujet se construit à coups de souvenirs et de récits sur soi.
H. M. pouvait apprendre des choses, développer certaines
habiletés, mais il ne se souvenait pas de ce qu'il savait.
Placé dans certaines situations, il pouvait se débrouiller,
refaire les gestes appris. Quelque chose pouvait s'inscrire
en lui sans qu'il y ait accès, sans qu'il lui soit possible de
tenir un discours sur ses capacités dont il n'avait aucune

idée. Le cadavre de H. M. sera livré à la science. Son cerveau peut nous en dire long sur les liens entre la mémoire et le discours et surtout sur les différents types d'apprentissage humain.

Sur CNN, j'entends l'histoire de cet autre homme, Brad Williams, qui a une mémoire prodigieuse. Comme seulement deux ou trois personnes sur la planète, Williams se souvient de tout ce qui lui est arrivé depuis toujours. Sa mémoire autobiographique est phénoménale. On peut lui demander ce qu'il faisait le 9 janvier 1976, à seize heures. Il se rappelle les moindres détails de la journée et du moment. On a longtemps cru que Brad Williams était un affabulateur, un personnage digne de Borges, un imposteur vantard, mais depuis que les scientifiques se sont penchés sur son cas, force est de constater que Brad ne ment pas, que sa mémoire enregistre bel et bien tout. Cela n'a même pas l'air de le déranger. On pourra découvrir, grâce à lui, des choses merveilleuses sur la mémoire humaine. Quand il mourra, on espère qu'il se souviendra de donner son corps à la science. Des progrès considérables pourraient être faits grâce à l'étude de son cerveau.

Entre la vie de H. M. et celle de B. W., il me serait bien difficile de dire laquelle j'envie le plus. Il y a des années, comme tant de gens qui croient au capital que constituent le passé et les souvenirs, j'aurais tout donné pour être comme Brad Willians et savoir pour toujours le prix des chaussettes que j'ai achetées le 18 juillet 1986. Je croyais qu'en amassant dans ma mémoire les détails, les gens de mon passé, je me donnerais une existence riche en expériences et en moments mémorables. J'ai retenu pendant des années les numéros de téléphone de mes amies d'enfance, ce qui ne m'était d'aucune utilité puisque toutes mes copines avaient déménagé depuis belle lurette et que de toute façon, je ne voulais plus jamais les revoir. Je connaissais les dates d'anniversaire de tas de gens et chaque jour était pour moi la marque d'une commémoration. À l'époque, pour préparer des examens, j'apprenais avec plaisir les chiffres de la production de blé de l'URSS et j'aimais me gargariser de phrases et de poèmes appris par cœur.

Il faut comprendre qu'il y avait quand j'étais enfant un engouement pour la mémoire humaine. Au primaire, nous devions réciter sans arrêt des morales ou des pages entières d'auteurs alors inconnus. J'ai appris à sept ans des passages des *Mémoires d'outre-tombe* de Chateaubriand auxquels je ne comprenais pas un mot, mais qui me sont restés comme une vieillie cicatrice violacée, qui me fait mal parfois. À l'heure actuelle, grâce aux ordinateurs, nous sommes débarrassés du « par cœur ». Les machines stockent pour nous des quantités de choses inutiles et je m'étonnais avec mon amie Claudine que nos enfants respectifs ne doivent rien savoir de mémoire à l'école. Claudine et moi rigolions en douce d'être tout de même un peu nostalgiques de ce qui avait été pour nous, enfants, un vrai pensum. Je me surprends à devenir une vieille dame qui tient à des choses dont elle devrait rougir si elle était capable d'être fidèle à ce qu'il y a de plus vital en elle.

Heureusement qu'avec l'âge, je perds la mémoire et qu'aucun de mes élans nostalgiques ne dure très longtemps. En fait, le pouvoir et la maîtrise que me conférait ma mémoire ne m'intéressent plus. Je suis contente d'oublier des noms, des lieux, des histoires, des gens et je préfère me sentir délestée de mon passé, légère comme si j'étais une page blanche sur laquelle il est encore possible d'écrire un mot inconnu. Je suis donc contente de ne pas tout me rappeler, d'être capable de rencontrer un ancien collègue de 1985 sans savoir qui est cette personne qui m'aborde comme si nous étions de vieux complices. Dans les dernières années, mes souvenirs se sont effacés de façon spectaculairement rapide. Je porte moins les autres, leurs problèmes, leurs adresses et la production de blé de l'Ukraine me laisse totalement indifférente et ne suscite en moi aucune pulsion mémorielle frénétique. Je n'ai pas appris volontairement la sagesse. S'est installée en moi une conscience du présent. Et puis j'ai surtout lâché prise. Mon père dont je tenais cette grande mémoire lui aussi « en perd des bouts » et se voit obligé d'être moins dans le contrôle du présent que l'on range presque immédiatement dans le fichier des souvenirs parce que l'on a peur de vivre.

Je déteste bien sûr la mémoire involontaire, celle dont Proust, que j'admire pourtant plus que tout autre écrivain, a fait la matière de *La recherche*. Je ne supporte pas qu'un de mes rêves me rappelle quelqu'un que j'ai oublié depuis longtemps et qui me semblait totalement effacé de ma mémoire. Je suis troublée quand, dans ma chambre d'hôtel, le savon Crabtree & Evelyn me ramène par son odeur dans la salle de bains de ma tante et me redonne en quelque sorte son corps à elle à sentir, comme s'il était encore vivant. L'autre jour, alors que j'achetais sans y penser une tablette de chocolat Hershey's, c'est mon enfance avec mes cousins qui m'est revenue et j'ai revécu la sensation d'avoir l'estomac prêt à éclater, même si je n'avais avalé qu'un petit carré que j'ai mastiqué lentement. Je revivais dans le minuscule bout de chocolat les moments d'empiffrement en famille et la joie enfantine de se faire éclater la panse entre cousins.

Dans le fond je suis restée la même. Celle qui n'a jamais pu supporter les souvenirs et qui avait développé une grande mémoire pour mieux les contrôler, pour encombrer son âme de choses inessentielles. Ma mémoire a foutu le camp, mais j'ai toujours aussi peur d'elle. Que faire de son propre passé triste ou joyeux? J'éprouve une grande terreur devant la vieillesse et ses ravages, car ce qui me semble horrible dans ce détraquement de la mémoire, ce n'est pas seulement d'oublier une casserole sur le feu (ce qui m'arrive depuis toujours), mais la possibilité de parler à ma fille comme si elle était ma mère, en revivant l'enfance indéfiniment comme si j'y étais. J'ai peur que mes derniers mots soient la liste des numéros de téléphone de mes amies d'enfance ou que je me mette à délirer avant de mourir dans la langue parlée avec un premier mari serbo-croate à qui je n'adresse plus la parole dans aucune langue depuis soixante ans... Je souffre de penser que l'âge fera dérailler la machine à ranger le temps dans les compartiments. Je suis impitoyable avec ma mère quand elle se trompe de prénom et qu'elle m'appelle du nom de ma tante morte depuis vingt ans. Je crains qu'un jour, sans crier gare, ma mère ne me révèle inopinément un secret de famille que je préfère qu'elle garde pour elle en l'oubliant.

Heureusement que je perds la mémoire, et que j'oublie vite toutes mes craintes. En moi, et c'est une bénédiction, s'engouffre avec le temps un grand vent d'oubli.

Péril en la demeure

Mon ami Marlon qui vit à Flint dans le Michigan est allé prendre dimanche dernier une photo de la maison de tôle de Bay City où j'ai passé de nombreux étés de mon enfance. Pour moi, dimanche dernier, Marlon avec son épouse et ses deux enfants en bas âge, a pris l'autoroute qui le sépare de Bay City et s'est rendu sur Veronica Lane. Pour moi, Marlon a pris quelques images de la maison délabrée de ma famille... Marlon est rentré dimanche soir à Flint et m'a envoyé par Internet sa récolte du jour. Le dimanche 23 novembre 2008, Marlon n'est pas allé cueillir des pommes ou des champignons, mais il est allé ramasser un peu de mon passé, sur la route triste du temps.

J'ai longtemps regardé les photos. Les voitures qui détruisent la pelouse et s'accumulent pêle-mêle dans le *driveway* et mon enfance éventrée, obscène.

J'ai vu mon passé malmené. Je vois encore aujourd'hui le cul-de-sac qu'est Veronica Lane où le temps est forcé de faire demi-tour, d'autant plus que j'ai décidé, par pur masochisme peut-être ou par désir de lucidité, de mettre une photo de la maison de Bay City sur l'écran de mon ordinateur. Je passe ma journée à écrire, avec pour décor ma jeunesse en lambeaux, ma jeunesse en carton-pâte qui me semble avoir été aussi étroite que les fenêtres de la maison de tôle.

Combien de fois ai-je rêvé que je détruisais cette maison où j'ai, malgré tout, malgré moi, pas mal souffert? Combien de fois ai-je voulu tout détruire? Et n'ai-je pas écrit un livre où une jeune fille fait partir en fumée une maison assez semblable? Alors, pourquoi, pourquoi suis-je triste en voyant cette maison violée de son passé et arrachée à elle-même?

Pourquoi cela me remplit-il de mélancolie? Ai-je trouvé dans le temps quelqu'un de plus méchant que moi?

Mon oncle et ma tante qui ont habité là de 1952 à 2005 étaient les premiers occupants de cette demeure en préfabriqué, qu'ils avaient commandée sur catalogue et à laquelle ils avaient vite fait creuser un *basement* et ajouté bien des rallonges. Pendant des années, ma tante a pris un soin amoureux à embellir cette maison. Elle a planté des roses dans le jardin, fait pousser des arbres qui ont peu à peu caché la laideur de l'univers sordide de Bay City dans les années soixante. Ma tante a cultivé des plantes de toutes sortes pour rendre sa demeure coquette, mignonne, pour en faire, l'été, un coin de sa France natale. Mon oncle passait ses week-ends dans le jardin à arroser le gazon, à nettoyer la piscine hors terre ou à tailler les arbres et je le revois monté encore sur le toit de la maison, occupé à arranger quelque chose comme la gouttière ou la cheminée. À cette époque, tout le monde voulait améliorer son sort, donner un sens à l'immigration et l'investissement dans la maison était la principale occupation de ma famille. Les arbres que ma tante et mon oncle avaient fait planter dans les années soixante, alors que, pour développer le quartier, on avait rasé tous ceux qui étaient là, avaient poussé avec le temps. Ils avaient ainsi conféré à la maison de tôle une petite noblesse, une élégance, une ombre somme toute grandiose qui rappelait quelque chose du piano à queue dans le salon pour lequel ma famille s'était endettée pour le restant de ses jours. Aujourd'hui, sur la photo que Marlon m'a envoyée, les arbres ont été coupés, la maison au bout de la rue est là sans aucune protection de branches ou d'un feuillage. Mon sapin-cabane dans lequel je jouais a été sauvagement tronçonné. On a détruit tout ce qui se voulait doux, tout ce qui avait été construit contre le ciel mauve qui désormais tombera sans gêne sur le toit de la maison de tôle et l'engloutira.

De la maison que mon oncle et ma tante considéraient comme une partie de leur corps, il ne reste pas grand-chose. Tout a été dépecé. En quelques jours, les nouveaux propriétaires ont effacé le passé, à coups de voiture et de scie mécanique. Bien sûr, je ne saurais en vouloir à ces gens. Ils ont fait ce qu'ils devaient faire : s'approprier la maison qui leur appartient désormais.

Dans le duplex où j'habite près de la rue Saint-Laurent, il m'arrive souvent en descendant l'escalier de sentir précisément que je refais les gestes que d'autres ont fait avant moi. J'ai effectué des recherches sur les anciens occupants de mon logement et j'ai appris que Madame Bercovitch a vécu là longtemps, pas très loin de chez Mordecai Richler et de ses parents. En posant ma main sur la rampe d'escalier qui a dû être changée depuis l'époque de Madame Bercovitch, il m'arrive souvent de penser à cette femme que je n'ai pas connue et de me sentir très émue. Les soucis et les joies qu'elle a vécus, je les ressens en descendant l'escalier. Ils se mêlent à mes peines et mes rires. Parfois, les bras chargés de ma brassée de linge propre, alors que je grimpe péniblement l'escalier en faisant attention à ne pas échapper une chaussette ou une culotte, je songe à cette ancienne propriétaire, à qui la maison appartient bien davantage qu'à moi. Elle aurait vécu là, « chez moi », plus de quarante ans et je dois apparaître à son spectre rien de moins qu'une usurpatrice, un imposteur, une petite morveuse qui se prend pour ce qu'elle n'est pas.

Je ne connais rien de Madame Bercovitch, mais je sais que je suis chez elle et souvent je me prends à penser lui redonner sa maison. Mais la dame est morte depuis fort longtemps... Et puis à qui dois-je réparation ?

En fait, je rêve depuis toujours de résider dans un hôtel. Dans une chambre aseptisée, je n'aurais pas l'impression désagréable de prendre la place de quelqu'un. Pour moi, les maisons ne constitueront jamais un chez-moi.

Quand j'étais petite, mes parents (surtout ma mère) tenaient à vivre dans des appartements neufs et à en être les premiers occupants. J'ai hérité d'eux quelque chose de ce malaise à m'installer dans les restes de la vie des autres. Mais bien sûr, tout était encore plus compliqué pour ma mère. Elle venait d'Europe et de la guerre. Il y avait en elle la quête d'une virginité domestique, l'envie de régner sur sa famille, sans aucun passé. Je suis retournée quelques fois rue Marie-Victorin à Montréal-Nord et rue Rimbaud à Saint-Léonard. Encore récemment, on m'a emmenée voir le boulevard du Roi-René à Ville d'Anjou pour que j'évoque ce que fut mon enfance de fille d'immigrants en banlieue montréalaise dans les années soixante. Le saule pleureur que j'adorais et qui avait été planté sur le terrain de mon « duplex » de Ville d'Anjou est mort depuis longtemps. On savait qu'il ne ferait pas long feu sous un tel climat. En allant à Ville d'Anjou, j'ai constaté pourtant que ce qui avait changé le plus depuis les années soixante, c'était la hauteur des arbres. Si Ville d'Anjou est une ville plus accueillante de nos jours qu'en 1965, c'est que les arbres rabougris, fraîchement plantés à l'époque, sont devenus insolents, imposants et peuvent donner le change quelques instants et rappeler quelque chose (très vaguement bien sûr) de Westmount... Le duplex de mon enfance s'est redonné un look... On lui a offert de nouvelles portes et une façade plus blanche. En regardant du trottoir la fenêtre du salon qui est maintenant en aluminium, j'ai cru voir une petite fille mélancolique qui me faisait signe d'entrer. De cette enfant, je me souviens simplement des heures qu'elle passait, perdue dans les rideaux à fleurs, à regarder la rue ou encore à compter les rares passants sur le trottoir enneigé.

Je ne suis pas entrée au 7293, boulevard du Roi-René. Je n'y entrerai pas, même si cette petite fille m'appelle encore et me fait signe de venir la rejoindre.

Je pleure sur les arbres décimés de Bay City et je m'ennuie du bruit du vent dans le saule pleureur de mon enfance. Mais pour rien au monde, je ne voudrais retourner dans le temps. Je cherche les hôtels qui sauront m'accueillir un jour dans l'errance que je voudrais faire mienne, bientôt...

Je n'ai eu qu'une vraie maison dans ma vie, celle de la Veronica Lane à Bay City, Michigan. Et mon oncle et ma tante y habiteront éternellement, malgré la vie qui les a chassés, loin d'elle.

Last night I dreamt I went to Bay City again

« Last night I dreamt I went to Manderley again. » C'est
par cette phrase que s'ouvre le livre de mes treize ans :
Rebecca. Dans les cours d'anglais, notre professeure nous
avait proposé cette lecture avec enthousiasme, en nous
disant que même ses fils avaient lu le roman jusqu'au
bout... Or, comme Mrs. Moorehead était aimée de toutes
les filles de la classe précisément à cause de ses fils, deux
grands insignifiants blonds et prétentieux âgés d'au
moins seize ans qui étaient fiers de porter des jeans
blancs, il n'en avait pas fallu plus pour que Daphné
du Maurier devienne l'auteure de prédilection des plus
ignorantes de ma classe. Malgré l'avis des deux frères
Mooreheah, Peter et John, que je détestais profondément,
qui me semblaient être de vrais *preppies* et avec lesquels
je ne pouvais partager aucun goût, j'avais tout de suite
aimé Daphné Du Maurier, et un autre été d'ennui à Bay
City, j'avais dévoré *Ma cousine Rachel*, *L'auberge de la
Jamaïque*, *Le Mont-Brûlé* et *Le bouc émissaire*. *Rebecca* et
Les oiseaux restèrent pour moi durant des années mes
textes préférés. Ils avaient inspiré deux films au cinéaste
Alfred Hitchcock dont je découvris l'œuvre fabuleuse
grâce à Daphné.

J'aimais tout particulièrement dans *Rebecca* le personnage de la gouvernante, Mrs. Danvers, qui torture la nouvelle femme de son maître, le veuf Maxim de Winter, et qui veille jalousement sur la mémoire de la morte, Rebecca. La nouvelle Mrs. de Winter, la narratrice, une jeune femme bien victime, me semblait le comble de la petitesse et je m'identifiai immédiatement à Mrs. Danvers, la méchante servante, qui souhaite que la maison de Manderley reste possédée par l'esprit de sa maîtresse et que la jeune mariée se sente étrangère et minable.

L'esprit de Rebecca rôde partout. Mrs. Danvers garde intacte la garde-robe somptueuse de la morte et il lui arrive de caresser amoureusement les étoffes des vêtements qui ont touché sa défunte et diabolique maîtresse. J'aimais tout particulièrement la fin du film, lorsque Mrs. Danvers, toujours vêtue d'une robe noire, met le feu à la maison et périt, extatique, dans les flammes qui envahissent la chambre-tombeau de Rebecca, où la gouvernante passe tout son temps.

Presque toutes les filles de ma classe avaient exprimé leur sympathie pour la nouvelle Mrs. De Winter (interprétée par la très jeune Joan Fontaine) et nous n'étions que trois à défendre Mrs. Danvers, à vouloir lui ressembler et à rêver de persécuter les vierges innocentes, prêtes à épouser un veuf trop vieux. Judith Anderson qui jouait Danvers me semblait une actrice extraordinaire et la gouvernante le seul vrai personnage du film.

Je me promis cet été-là de mettre un jour le feu à une maison avec autant de grâce et d'inspiration que

Mrs. Danvers à Manderley et je me précipitai à la ciné-mathèque pour voir et revoir le film.

De Manderley, il ne reste plus rien bien sûr après l'incendie nocturne. Mais la nouvelle Mrs. de Winter continue à rêver de ce lieu des années plus tard. C'est le propos du livre. Rebecca continue à hanter l'esprit de sa remplaçante. La nuit, dans ses rêves, la jeune femme vieillissante retourne à Manderley. C'est elle qui va rôder dans les ruines, qui devient fantôme.

Last night I dreamt I went to Bay City again.

Oui, j'y suis encore retournée. Il ne reste plus rien de moi là-bas, mais c'est moi qui n'arrive plus à quitter la maison de tôle bleue, mon infernal Manderley, auquel je mets et remets le feu chaque nuit, dans mes rêves.

Table

Notes du sous-sol 9

On nous avait promis la lune 13

Il n'y a pas de BlackBerry au paradis 18

Back-slide with Michael 24

Comme deux gouttes d'eau 31

L'écrivaine, la Volkswagen et le phénix 37

Rêveries d'une promeneuse solitaire 41

La nausée de l'immigrant 47

Une petite signature, s'il vous plaît... 52

Motel Tropicana 57

En voiture! 60

«Je suis snob» 66

Mes nourritures terrestres 72

Le K-Mart 76

Le doux visage de la guerre 78

Fera-t-il beau demain? 84

Quand j'avais les yeux bleus de Paul Newman 90

Dallas-en-Québec 95

Comme une lettre à la poste 100

Sans moi 106

Un divan à soi   110

Moments fragiles   116

« Just a Perfect Day »   121

Les filles du père ne sont jamais fatiguées   126

Alice et Marylin   132

Nos rêves les plus fous   135

Le jour J   140

La tache rouge de la honte   145

Dans la tourmente   149

L'insoutenable légèreté de l'être   154

C'est la faute à Rousseau   160

Les humiliés   166

Par l'exemple   172

Leçons de vie   179

Si on allait au cinéma ?   184

Une brique, un fanal, un poisson
et quelques tomates rouges   189

Il n'est pas facile de bien désespérer   197

La petite fille de neuf ans   200

D'un ennui bien mortel   205

Sartre à la télé   211

A Room with a View   213

Vivre ensemble   219

Est-ce que je vous ai déjà vue quelque part ?   226

Finir ou en finir : telle est la question   232

Nos vies avortées   238

L'étoffe de l'Histoire   242

Un jour, j'irai dans la vallée de l'Hunza   248

Trop beau pour être vrai?   253

Il faut sauver le Michigan   260

La poubelle du temps   265

Péril en la demeure   271

Last night I dreamt I went to Bay City again   277

SÉRIE « K »

Des textes littéraires écrits à la périphérie du roman.
« K » pour Kaléidoscope. Comme dans lire à l'aide
d'un kaléidoscope la densité romanesque du réel.

PREMIERS TITRES

Cynthia Girard, *J'ai percé un trou dans ma tête*
Catherine Mavrikakis, *L'éternité en accéléré*

Achevé d'imprimer le 15 novembre 2010
sur les presses de Transcontinental Métrolitho